国家示范性高等职业院校课程改革教材

Luji Lumian Gongcheng Jiance Jishu

路基路面工程检测技术

（公路工程检测技术专业用）

王加弟　朱芳芳　**主编**

刘存柱　**主审**

人民交通出版社

内 容 提 要

本书是国家示范性高等职业院校课程改革教材。全书共设置四个相对独立的学习情境,以典型工作任务驱动的方式,学习工作过程、技术实践知识和技术理论知识,实现工作与学习的整合,理论与实践的整合,专业能力、方法能力和社会能力的整合。这四个学习情境是:路基工程检测与质量评定,路面基层、底基层材料检测与质量评定,沥青路面面层检测与质量评定,水泥混凝土路面检测与质量评定。

本书是高职高专院校公路工程检测技术专业教学用书,也可作为职业技能培训教材使用,或供从事路桥工程施工、监理、养护等工作的技术人员和管理人员学习参考。

图书在版编目(CIP)数据

路基路面工程检测技术/王加弟,朱芳芳主编.--北京:
人民交通出版社,2010.1
ISBN 978-7-114-08069-2

I.路… II.①王…②朱… III.①路基–道路工程–检测②路面–道路工程–检测 IV.U416

中国版本图书馆 CIP 数据核字(2009)第 216772 号

国家示范性高等职业院校课程改革教材
书　　　名:**路基路面工程检测技术**(公路工程检测技术专业用)
著 作 者:王加弟　朱芳芳
责任编辑:周往莲
出版发行:人民交通出版社股份有限公司
地　　　址:(100011)北京市朝阳区安定门外外馆斜街 3 号
网　　　址:http://www.ccpress.com.cn
销售电话:(010) 59757973
总 经 销:人民交通出版社股份有限公司发行部
经　　　销:各地新华书店
印　　　刷:北京市密东印刷有限公司
开　　　本:787×1092　1/16
印　　　张:8.75
字　　　数:211 千
版　　　次:2010 年 1 月　第 1 版
印　　　次:2015 年 7 月　第 4 次印刷
书　　　号:ISBN 978-7-114-08069-2
定　　　价:27.00 元

道路桥梁工程技术专业课程改革教材
编审委员会

序　言

教育部《关于全面提高高等职业教育教学质量的若干意见》（教高［2006］16号）明确指出："高等职业教育作为高等教育发展中的一个类型，肩负着培养面向生产、建设、服务和管理第一线需要的高技能人才的使命"。探索类型发展道路、构建高技能人才培养模式、开发特色教学资源，是高职院校的历史责任。

2006 年，辽宁省交通高等专科学校进入国家首批高等职业教育示范院校建设行列，道路桥梁工程技术专业是重点建设专业之一。几年来，该专业团队积极在"类型"概念下探索高等职业教育教学资源建设模式和"高技能人才"培养规格及培养模式。通过对公路建设工程整个过程各阶段的职业岗位和典型工作任务的调研、分析、论证，确定了面向施工一线的道路桥梁工程技术专业高技能人才的专业能力规格，即工程勘察与初步道桥设计、工程概算与招投标、材料试验与检测、道桥工程施工与组织、质量验收与评定"五项能力"规格，并结合北方地域气候特点，构建了教学安排与施工季节相结合、教学内容与施工过程相结合、校内实训与企业顶岗实习相结合的"三个结合"人才培养模式。针对"五项能力"，按照"三个结合"，着眼于实际操作、技术跟踪和综合素质的提高，系统开展课程体系、课程内容改革，并进行相应的教学资源建设，力图通过"在学习中工作，在工作中学习"的教学过程，实现高技能人才的培养目标。

本次出版的系列教材，是专业课程改革和教学资源建设的阶段性成果，是国家示范性建设成果的组成部分，也是全体专业教师、一线工程技术人员共同的智慧结晶和劳动成果。

在教材的开发过程中，得到教育部、国家示范性高等职业院校建设工作协作委员会、辽宁省教育厅等各级领导和诸多专家的关心指导，得到众多企业、行业及兄弟院校的大力支持，在此一并致以崇高的谢意！

由于开发时间短，教学检验尚不充分，错误和不当之处难免，敬请专家、同行指教！

道路桥梁工程技术专业教材开发组

二〇〇九年四月

前　言

　　《路基路面工程检测技术》是高职高专院校公路工程检测技术专业的一门专业核心课程。本书在编写过程中打破以知识传授为主要特征的传统学科课程模式,转变为以工作任务为中心组织课程内容,并让学生在完成具体项目的过程中学会完成相应的工作任务,并构建相关理论知识,培养职业能力。本书内容突出对学生职业能力的训练,采取讲训一体化的教学模式;对理论知识的选取紧紧围绕工作任务完成的需要来进行,同时又充分考虑了高等职业教育对理论知识学习的需要,并融合了相关职业资格证书对知识、技能和态度的要求,使学生全面掌握路基路面工程施工的能力。

　　本书由辽宁省交通高等专科学校王加弟、朱芳芳主编,刘存柱主审。

　　本书共设置四个学习情境,内容包括:路基工程检测与质量评定,路面基层、底基层材料检测与质量评定,沥青路面面层检测与质量评定,水泥混凝土路面检测与质量评定。

　　本教材在编写过程中参考了相关标准、规范、教材等资料,在此谨向有关文献的编者表示衷心的感谢。

　　由于编者水平有限和编写时间仓促,书中错漏和不妥之处在所难免,恳请广大读者提出宝贵的意见和建议,编者将深表感谢。

编　者

2009 年 5 月

目　　录

路基工程检测与质量评定

情境导入

从道路结构物的修建来说,路基工程是一个先行工序,道路工程的质量评定与检测贯穿于工程的各个过程,而路基工程质量的评定与检测又是首先进行的,可以最先获得工程的质量信息,从而起到影响、保证整个道路工程质量的作用。

路基工程施工中,按照施工准备阶段、施工阶段和竣工验收阶段进行试验检测评定,避免不合格的材料和产品流入下一道工序,只有保证每一道工序的质量才能保证整个工程的质量。

学习目标

【知识目标】 完成本学习情境的学习,学生能够熟悉路基工程的施工工艺;熟悉各项检测任务的目的和检测方法、步骤以及试验原理;熟悉各种检测仪器的性能;熟悉与所检测项目相关的技术标准、技术规范和技术规程;能用定量的方法科学地评定路基的质量。

【能力目标】 学生能够熟练掌握路基工程在施工准备阶段、施工阶段、竣工验收阶段质量检验评定的工作过程,明确路基工程在各阶段中所要进行的各种检测项目,能熟练操作各种检测仪器进行试验;正确如实地填写原始记录;能够运用数理统计方面的知识对检测结果进行数据处理及评定。

任务 1.1 路基工程施工准备阶段的检测

1.1.1 任 务 导 入

【情境设计】 试验检测是保证工程质量的重要手段。客观、准确、规范、及时的试验检测数据,是指导、控制和评定工程质量的科学依据。

路基工程在施工准备阶段的试验检测任务有哪些内容呢? 如何进行路基工程在施工准备阶段的试验检测呢? 让我们来学一学吧。

1.1.2 任 务 目 的

路基工程在施工准备阶段主要对原材料进行各种室内检测,避免不合格的材料用于工程,为开工做好前期准备工作, 以判断填料的可用性。

1.1.3 任 务 实 施

一、检测项目

路基工程施工准备阶段主要对原材料进行各种室内及现场检测项目的试验检测,避免不合格的材料用于工程,为开工做好前期准备工作。路基工程施工准备阶段需检测的项目见表1-1-1。

路基工程在施工准备阶段检测的项目　　　　　　　　　表 1-1-1

序号	检 测 项 目	采 用 规 程
1	土的界限含水率试验(液塑限试验)	《公路土工试验规程》(JTG E40—2007)
2	击实试验	
3	压缩试验	
4	直剪试验	
5	土的含水率试验	
6	承载比 CBR 试验	

二、检测方法

检测项目 1 土的含水率试验

含水率是土中自由水的质量与土粒质量之比的百分数,一般认为在 $105 \sim 110℃$ 温度下能将土中自由水蒸发掉。

土的含水率测试是研究土的物理、力学性质不可缺少的工作。路基土含水率的测定方法主要有以下几种：

烘干法、燃烧法、炒干法、微波炉法和炭化钙法等。烘干法是测定含水率的标准方法，适用于黏质土、粉质土、砂类土和有机质土类；酒精燃烧法适用于快速简易测定细粒土（含有机质的除外）的含水率。工程上常用的方法主要是燃烧法。

【检测方法1】 烘干法

1. 仪器准备

（1）烘箱：可采用电热烘箱或温度能保持105～110℃的其他能源烘箱，也可用红外线烘箱。

（2）天平：感量0.01g。

（3）其他：干燥器、称量盒等。

2. 试样准备

按四分法取样，并将试样风干后备用。

3. 试验步骤

（1）取具有代表性试样，细粒土15～30g，砂类土、有机土为50g，放入称量盒内，立即盖好盒盖，称质量。

（2）揭开盒盖，将试样和盒放入烘箱内，在温度105～110℃恒温下烘干。烘干时间对细粒土不得少于8h，对砂类土不得少于6h。对含有机质超过5%的土，应将温度控制在65～70℃的恒温下烘干。

（3）将烘干后的试样和盒取出，放入干燥器内冷却（一般只需0.5～1h）即可。

（4）冷却后盖好盒盖，称质量，准确至0.01g。

（5）结果整理。按式（1-1-1）计算含水率。

$$w = \frac{m - m_s}{m_s} \times 100 \tag{1-1-1}$$

式中：w——含水率，%；

　　m——湿土质量，g；

　　m_s——干土质量，g。

（6）精密度和允许差。本试验须进行两次平行测定，取其算术平均值，允许平行差值应符合表1-1-2的规定。对于粗粒土，称量盒可采用铝制饭盒、瓷盆等，相应的土样也应多些。

表1-1-2

含水率测定的允许平行差值

含水率（%）	允许平行差值（%）	含水率（%）	允许平行差值（%）
5以下	0.3	40以上	≤2
40以下	≤1		

【检测方法2】 酒精燃烧法

1. 仪器准备

（1）称量盒。

（2）天平：感量0.01g。

（3）酒精：纯度95%。

（4）滴管、火柴、调土刀等。

2. 试样准备

按四分法取样，并将试样风干后备用。

3. 试验步骤

（1）取代表性试样（黏质土5~10g，砂类土20~30g），放入称量盒内，称湿土质量。

（2）用滴管将酒精注入放有试样的称量盒中，直至盒中出现自由液面为止。为使酒精在试样中充分混合均匀，可将盒底在桌面上轻轻敲击。

（3）点燃盒中酒精，燃至火焰熄灭。

（4）将试样冷却数分钟，按本试验步骤(3)、步骤(4)方法再重新燃烧两次。

（5）待第三次火焰熄灭后，盖好盒盖，立即称干土质量，准确至0.01g。其余同烘干法。

（6）结果整理。按式(1-1-2)计算含水率。

$$w = \frac{m - m_s}{m_s} \times 100 \tag{1-1-2}$$

式中：w——含水率，%；

　m——湿土质量，g；

　m_s——干土质量，g。

（7）精密度和允许差：本试验须进行两次平行测定，取其算术平均值，允许平行差值应符合表1-1-2的规定。对于粗粒土，称量盒可采用铝制饭盒、瓷盆等，相应的土样也应多些。

【检测方法3】 其他测试方法

1. 炒干法

用锅将试样炒干，适用于砂土及含砾较多的土。

2. 微波加热法

微波加热器可用家用微波炉，一批土样一般几分钟就可烘干。经试验对比，多数土的测试结果与标准烘干法相对误差小于1.5%。但对一些含金属矿物质的土不适用，因为一些金属物质本身在微波作用下发热，其温度会超过100℃，从而损坏微波炉。

3. 碳化钙气压法

碳化钙为吸水剂。将一定量的湿土样和碳化钙置于体积一定的密封容器中，吸水剂与土中的水发生化学反应，产生乙炔气体，乙炔气体在密封容器中产生的压强与土中水分子质量成正比。压力使指针转动，通过与烘箱标定，由压力表盘转换为含水率百分数表盘，直接读出含水率。

美国1967年就将此法列入公路规程，我国现行《公路土工试验规程》（JTG E40—2007）也列入了此法。此法的缺点是要求用一种性能稳定的电石粉，由于试验需求量小，商业社会的今天不易得到。

检测项目 2　土的界限含水率

土的界限含水率是土随含水率的变化从一种状态到另一种状态的含水率临界点。对于细粒土随着土中含水率的不同，分别处于各种不同的状态。土由半固体状态到可缩状态的分界含水率称为土的塑限,由可塑状态到流动状态的分界含水率称为土的液限。测定土的液限和塑限,可用来划分土类、计算天然稠度和塑性指数,供公路工程设计和施工使用。

本试验方法采用液限、塑限联合测定法。它适用于粒径不大于 0.5mm、有机质含量不大于试样总质量 5% 的土。

【检测方法】 液限、塑限联合测定法

1. 仪器准备

(1)数显式液塑限联合测定仪:LG—100D 型。

天平:感量 0.01g。

(2)调土刀、调土皿、称量盒等。

2. 试样准备

按四分法取样,并将试样风干后备用。

3. 试验步骤

(1)取有代表性的风干土样 200g,分开放入三个盛土皿中,加入不同数量的蒸馏水,使土样的含水率分别控制在液限(a 点,锥入深度 20mm ± 0.2 mm)、略大于塑限(c 点,锥入深度小于 5mm,对于砂类土锥入深度可大于 5mm)和二者的中间状态(b 点)附近,用调土刀调匀,放置 18h 以上。

(2)将制备好的土样充分搅拌均匀,分层装入试杯中,用力压实,使空气逸出,装满后刮成与杯边齐平。

(3)给圆锥仪锥尖涂少许凡士林油,将装好土样的试杯放在联合测定仪的升降座上,转动升降旋钮,使锥尖与土样表面刚好接触,然后按"测量"按钮,锥体下落,测记经 5s 时圆锥入土深度 h_1,改变锥尖与土样的接触位置,锥尖两次锥入距离不小于 1cm,重复以上操作,得圆锥入土深度 h_2,取 h_1、h_2 的平均值作为该土样的锥入深度 h(h_1、h_2 允许误差为 0.5mm,否则重新取土试验)。

(4)去掉锥尖处的凡士林,取 10g 以上的土样两份,分别装入称量盒内,称质量测定其含水率 w_1、w_2,计算含水率的平均值。

重复(2)~(4)步骤,对已制备的其他两个含水率的土样进行测试。

(5)试验结果整理。在二级双对数坐标纸上,以含水率 w 为横坐标,锥入深度 h 为纵坐标,点绘 a、b、c 三点含水率的 h-w 图(图 1-1-1),连此三点。若三点呈一条直线,则在 h-w 图上,查得纵坐标入土深度 h = 20mm 所对应的横坐标的含水率 w,即为该土样的液限含水率 w_L。

对于细粒土,用式(1-1-3)计算塑限入土深度 h_p。

$$h_p = \frac{w_L}{0.524w_L - 7.606} \tag{1-1-3}$$

对于砂类土,用下式计算塑限入土深度 h_p:

$$h_p = 29.6 - 1.22w_L + 0.017w_L^2 - 0.0000744w_L^3 \tag{1-1-4}$$

注:也可不计算 h_p,在《公路土工试验规程》(JTG E40—2007)中用相应的图查 h_p。根据 h_p 值,查锥入深度与含水率(h-w)关系图,入土深度为 h_p 时所对应的含水率为塑限含水率 w_p 值。

若三点不呈一条直线,将 ab 与 ac 分别连线,以 a 点含水率 w_a 在《公路土工试验规程》(JTG E40—2007)中用相应的图查取 h'_p,或按公式计算 h'_p,以 h'_p 作水平线交 ab 与 ac 两

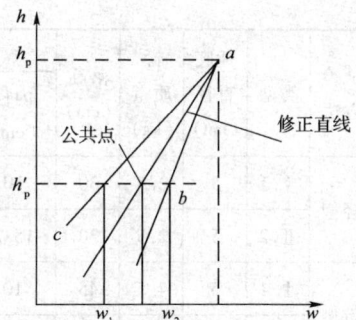

图 1-1-1 液塑限联合测定图

直线于两点,以该两点分别读取含水率 w_1 与 w_2(图1-1-1),若 $|w_1 - w_2| \leq 2\%$,则取 $w = (w_1 + w_2)/2$ 为中间点,做垂线交于 h'_p 水平线得公共点,将 a 点与公共点连成直线即可得修正直线。然后按三点在一条直线上的方法确定液限和塑限。

(6)试验中注意事项。

①液塑限联合测定时,土样的含水率均匀及密实与否,对试验精度影响较大。土样制备时,三个土样的含水率不宜十分接近,否则不易控制曲线的走向,影响试验精度。

②含水率接近塑限的那个土样,对测定影响很大。当含水率等于塑限时,该点控制曲线走向最准。但此时土样很难调制。为便于操作,根据经验,此时以锥入深度4~5mm为宜。

③土样要调匀再装入试杯,以免影响锥入深度及含水率的测定。同一试样两次试锥入土时,锥入位置距离不小于1cm,距盛土杯边缘不小于1cm。

(7)正确填写委托书。

4. 试验报告

(1)表格记录完整。

(2)内容书写规范。

5. 工作态度

(1)工作态度端正。

(2)有一定的组织能力。

(3)与人合作良好。

(4)保持环境整洁。

检测项目3 击实试验

击实试验是利用标准化的击实仪,在模拟现场施工条件下,获得路基土压实的最大干密度和相应最佳含水率,控制路基压实质量不可缺少的重要试验项目。

用击实试验模拟现场土的压实,是一种半经验方法。由于土的现场填筑碾压和室内击实试验具有不同的工作条件,两者之间的关系是根据工程实践经验求得的,但要求室内试验的击实功应相当于现场施工的压实功,因此,很多国家以及一个国家的不同部门就可能有其自用的击实试验方法和仪器。

击实试验分轻型击实和重型击实。小试筒适用于粒径不大于25mm的土,大试筒适用于粒径不大于38mm的土。

击实试验分轻型和重型两类,其试验方法、类型见表1-1-3。

击实试验方法种类 表1-1-3

| 试验方法 | 类型 | 锤底直径(cm) | 锤质量(kg) | 落高(cm) | 试筒尺寸 | | | 层数 | 每层击数 | 击实功(kJ/m²) | 最大粒径(mm) | 备注 |
					内径(cm)	高(cm)	容积(cm³)					
轻型	Ⅰ.1	5	2.5	30	10	12.7	997	3	27	598.2	25	适用于低等级公路
	Ⅱ.2	5	2.5	30	15.2	12	2 177	3	59	598.2	38	
重型	Ⅰ.1	5	4.5	45	10	12.7	997	5	27	2 687.0	25	适用于粗粒土、细粒土或高等级公路
	Ⅱ.2	5	4.5	45	15.2	12	2 177	3	98	2 677.2	38	

【检测方法】

1. 仪器准备

（1）标准击实仪：包括击实筒、击实锤、导杆等。

（2）烘箱及干燥器。

（3）天平：感量0.01g；台称：称量10kg，感量5g。

（4）其他：方盘、铲子、喷水设备、量筒、铝盒、修土刀等。

2. 试样准备

（1）本试验可分别采用不同的方法准备试样。各方法可按表1-1-4准备试验用料。

试 验 用 料 表1-1-4

使 用 方 法	类别	试筒内径（cm）	最大粒径（mm）	试料用量（kg）
干土法试样重复使用	a	10	5	3
		10	25	4.5
		15.2	38	6.5
干土法试样不重复使用	b	10	至25	至少5个试样，每个3kg
		15.2	至38	至少5个试样，每个6kg
湿土法试样不重复使用	c	10	至25	至少5个试样，每个3kg
		15.2	至38	至少5个试样，每个6kg

本试验只介绍重型Ⅰ法干土法试样重复使用，其他方法参照《公路土工试验规程》（JTG E40—2007）。

（2）试样制备分干土法和湿土法两种。对一般土，干土法制样与湿土法所得击实结果有一定差异，对于具体试验应根据土的性质选择制备方法。

干土法制样：将代表性土样风干或在低于50℃温度下烘干，放在橡皮板上用木碾碾散，过筛（筛号视粒径大小而定）拌匀备用。按四分法取筛下土样，对于小试筒取样3kg，大试筒取样6kg。

（3）估计土样风干或天然含水率，如风干含水率低于开始含水率太多时，可将土样铺于一不吸水的盘里，均匀地喷洒适量的水，并充分拌和，闷料一夜备用。

3. 试验步骤

（1）称击实筒质量，准确至1g。

（2）将击实筒放在坚硬的地面上，取制备好的土样，按所选击实方法分5次倒入筒内，小试筒每次约400～500g（其量应使击实后的土样等于或略高于筒高的1/5），对于大试筒先将垫块放入筒内底板上，按五层法时每层需试样约900～1 100g，按规定的击实次数进行击实。击实时击锤应自由垂直下落，锤迹必须均匀分布于土样表面，第一层击实后，将试样表面"拉毛"，然后再装入第二层。重复上述方法，进行其余各层土的击实。击实后对于小试筒，余土高度不应超过试筒顶面5mm，对于大试筒，余土高度不应超过试筒顶面6mm。

（3）用修土刀沿套筒内壁削刮，使试样与套筒脱离后，扭动并取下套筒，齐筒顶削平试样，擦净筒外壁，称量，准确至1g。测定击实后土样的湿密度。

（4）用脱模器推出筒内试样，从试样中心取样测其含水率，计算至0.1%。测定含水率所用试样的数量按表1-1-5规定取样。

最大粒径(mm)	试样质量(g)	个数
<5	15~20	2
约5	约50	1
约19	约250	1
约38	约500	1

(5)将试样搓散,连同第一次击实后剩余的土样一起,洒水、拌和,每次约增加试样的 2%~3%的含水率,重复上述 2~4 步骤,进行其他不同含水率试样的击实,直至筒与土的质量不再增加,并出现第二次下降为止,以保证其中有两个大于和两个小于最佳含水率的试样。

(6)试验结果整理。

①按式(1-1-5)计算各点的湿密度。

$$\rho = \frac{m_2 - m_1}{V} \tag{1-1-5}$$

式中:m_1——击实筒质量,g;

　　　m_2——击实筒加试样质量,g;

　　　V——击实筒容积,cm^3。

②按式(1-1-6)计算各点的干密度。

$$\rho = \frac{\rho_d}{1 + 0.01w} \tag{1-1-6}$$

式中:ρ——试样的湿密度,g/cm^3;

　　　ρ_d——试样的干密度,g/cm^3;

　　　w——含水率,%。

(7)以干密度为纵坐标、含水率为横坐标,绘制干密度与含水率的关系曲线,曲线上峰值点的纵、横坐标分别为最大干密度和最佳含水率。如曲线不能绘出明显的峰值点,应进行补点或重做。

(8)试验注意事项。

①试验时加水拌和要均匀,在边洒边拌的情况下,使水能均匀地分布于土样内,这是保证击实试验准确性的关键。

②要严格控制击实后的余土高度。由于击实筒余土高度不一致所产生的影响,不仅使试验数据分散,而且随着余土高度的增大,最大干密度即有逐渐偏小的趋势。

检测项目 4　室内承载比(CBR)试验

CBR 又称加州承载比,是 California Beating Ratio 的缩写,由美国加利福尼亚州公路局首先提出来,用于评定路基土和路面材料的强度指标。在国外大多采用 CBR 作为路面材料和路基土的设计参数。

我国现行沥青和水泥混凝土路面设计规范,对路面、路基的设计参数系采用回弹模量指标,而在境外修建的公路工程多采用 CBR 指标。为了进一步积累经验用于实际,以促进国际学术交流,我国参考了国内外的情况,将 CBR 指标列入《公路路基设计规范》(JTG D30—2004)、《公路路基施工技术规范》(JTG F10—2006)和《公路沥青路面设计规范》(JTG D50—2006),作为路基填料选择的依据。路基填料最小强度要求见表 1-1-6。

项目分类		路面底面下深度（cm）	最小强度 CBR（%）		填料最大粒径（mm）
			高速公路、一级公路	其他等级公路	
填方路基	上路床	0~30	8	6	10
	下路床	30~80	5	4	10
	上路堤	80~150	4	3	15
	下路堤	150 以下	3	2	15
零填及路堑路床		0~30	8	6	10

注：①当路床填料 CBR 值达不到表列要求时，可采用掺石灰或其他稳定材料等措施处理。

②其他公路铺筑高级路面时，应采取高速公路、一级公路的规定值。

测定土的地基承载力：承载比（CBR）试验方法只适用于在规定的试筒内制件后，对各种土和路面基层、底基层材料进行承载比试验。试样的最大粒径宜控制在 25mm 以内，最大不得超过 38mm。

试验原理：试验时，按路基施工时的最佳含水率及压实度要求在试筒内制备试件；为了模拟材料在使用过程中的最不利状态，加载前饱水 4 昼夜；在浸水过程中及贯入试验时，在试件顶面施加荷载板以模拟路面结构对土基的附加应力；贯入试验中，材料的承载能力越高，对其压入一定贯入深度所需施加的荷载越大。所谓 CBR 值，就是试料贯入量达到 2.5mm 或 5mm 时的单位压力与标准碎石压入相同贯入量时标准荷载强度（7MPa 或 10.5MPa）的比值，用百分数表示。

【检测方法】

1. 仪器准备

（1）圆孔筛：孔径 38mm、25mm、20mm 及 5mm 筛各 1 个。

（2）重型标准击实仪器设备：试筒、击实锤等。

（3）贯入杆：端面直径 50mm、长约 100mm 的金属柱。

（4）路面材料强度仪或其他荷载装置：能量不小于 50kN，能调节贯入速度至每分钟贯入 1mm，可采用测力计式。

（5）百分表、测力环、荷载板等。

2. 试样准备

（1）试验采用风干试样，按四分法备料：将具有代表性的风干试料（必要时可在 50℃ 烘箱内烘干），用木碾捣碎，但应尽量注意不使土或粒料的单个颗粒破碎。土团均应捣碎到通过 5mm 的筛孔。采取有代表性的试料 50kg，用 38mm 筛筛除大于 38mm 的颗料，并记录超尺寸颗粒的百分数。将已过筛的试料按四分法取出约 25kg。再用四分法将取出的试料分成 4 份，每份质量 6kg，供击实试验和制试件之用。在预定做击实试验的前一天，取具有代表性的试料测定其风干含水率。

（2）做击实试验，求试料的最大干密度和最佳含水率，按最佳含水率制备试件。

①称试筒本身质量（m_1），将试筒固定在底板上，将垫块放入筒内。并在垫块上放一张滤纸，安上套环。

②取 1 份试料，按规定的层数和每层击数，求试料的最大干密度和最佳含水率。

③将其余 3 份试料，按最佳含水率制备 3 个试件。将一份试料平铺于金属盘内，按事先计算得的该份试料应加的水量均匀地喷洒在试料上。用小铲将试料充分拌和到均匀状态，然后

装入密闭容器或塑料口袋内浸润备用。

浸润时间:重黏土不得少于24h,轻黏土可缩短到12h,砂土可缩短到1h,天然砂砾可缩短到2h左右。制每个试件时,都要取样测定试料的含水率。

按式(1-1-7)计算含水率。

$$w = \frac{m - m_s}{m_s} \times 100 \tag{1-1-7}$$

式中:w——含水率,%;

m——湿土质量,g;

m_s——干土质量,g。

注:需要时,可制备三种干密度试件,如每种干密度试件制3个,则共制9个试件。每层击数分别为30、50和98次,使试件的干密度从低于95%到等于100%的最大干密度。这样,9个试件共需试料约55kg。

(3)将试筒放在坚硬的地面上,取准备好的试样分3~5次倒入筒内(视最大粒径而定)。按五层法时,每层需试样约900(细粒土)~1100g(粗粒土);按三层法时,每层需试样1700g左右(其量应使击实后的试样高出1/3筒高1~2mm)。整平表面,并稍加压紧,然后按规定的击数进行第一层试样的击实,击实时锤应自由垂直落下,锤迹必须均匀分布于试样面上。第一层击实完后,将试样层面"拉毛",然后再装入套筒,重复上述方法进行其余每层试样的击实。大试筒击实后,试样不宜高出筒高10mm。

(4)卸下套环,用直刮刀沿试筒顶修平击实的试件,表面不平整处用细料修补。取出垫块,称试筒和试件的质量(m_2)。

(5)试件泡水4昼夜测膨胀量。

①在试件制成后,取下试件顶面的破残滤纸,放一张好滤纸,并在上面安装附有调节杆的多孔板,在多孔板上加4块荷载板。

②将试筒与多孔板一起放入槽内(先不放水),并用拉杆将模具拉紧,安装百分表,并读取初读数。

③向水槽内放水,使水自由进到试件顶部和底部。在泡水期间,槽内水面应保持在试件顶面以上大约25mm。通常试件要泡水4昼夜。

④泡水终了时,读取试件上百分表的终读数,并按式(1-1-8)计算膨胀量。

$$膨胀量 = \frac{泡水后试件高度变化}{原试件高(=120mm)} \times 100 \tag{1-1-8}$$

3. 试验步骤

(1)做贯入试验:加荷使贯入杆以1~1.25mm/min的速度压入试件,记录不同贯入量及相应荷载。

从水槽中取出试件,倒出试件顶面的水,静止15min,让其排水,然后卸去附加荷载和多孔板、底板和滤纸,并称量m_3,以计算试件的湿度和密度的变化。

(2)将泡水试验终了的试件放到路面材料强度试验仪的升降台上,调整偏球座,使贯杆与试件顶面全面接触,在贯入杆周围放置4块荷载板。

(3)先在贯入杆上施加45N荷载,然后将测力和测变形的百分表的指针都调整至零点。

(4)加荷使贯入杆以1~1.25mm/min的速度压入试件,记录测力计内百分表某些整读数(如20、40、60)时的贯入量,并注意使贯入量为250×10^{-2}mm时,能有5个以上的读数。因此,测力计内的第一个读数应是贯入量30×10^{-2}mm左右。

(5)结果整理。以单位压力(p)为横坐标,贯入量(l)为纵坐标,绘制(p-l)关系曲线,如图1-1-2所示。图上曲线1是合适的。曲线2开始段是凹曲线,需要进行修正。修正时,在变曲率点引一切线,与纵坐标交于O点,O即为修正后的原点。

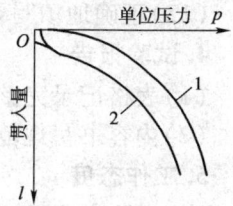
图1-1-2 单位压力与贯入量的关系曲线

(6)一般采用贯入量为2.5mm时的单位压力与标准压力之比作为材料的承载比(CBR),即

$$CBR = \frac{p}{7000} \times 100 \qquad (1\text{-}1\text{-}9)$$

式中:CBR——承载比,%;

p——单位压力,kPa。

同时计算贯入量为5mm时的承载比:

$$CBR = \frac{p}{10500} \times 100 \qquad (1\text{-}1\text{-}10)$$

如贯入量为5mm时的承载比大于2.5mm时的承载比,则试验要重做。如结果仍然如此,则采用5mm时的承载比。

(7)试件的湿密度用式(1-1-11)计算。

$$\rho = \frac{m_2 - m_1}{2177} \qquad (1\text{-}1\text{-}11)$$

式中:ρ——试件的湿密度,g/cm^3;

m_2——试筒和试件的合质量,g;

m_1——试筒的质量,g;

2177——试筒的容积,cm^3。

(8)试件的干密度用式(1-1-12)计算。

$$\rho_d = \frac{\rho}{1 + 0.01w} \qquad (1\text{-}1\text{-}12)$$

式中:ρ_d——试件的干密度,g/cm^3;

w——试件的含水率,%。

(9)泡水后试件的吸水量按式(1-1-13)计算。

$$w_a = m_3 - m_2 \qquad (1\text{-}1\text{-}13)$$

式中:w_a——泡水后试件的吸水量,g;

m_3——泡水后试筒和试件的合质量,g;

m_2——试筒和试件的合质量,g。

(10)精度要求。如根据3个平行试验结果计算得的承载比变异系数C_V大于12%,则去掉一个偏离大的值,取其余两个结果的平均值。如C_V小于12%,且3个平行试验结果计算的干密度偏差小于0.03g/cm^3,则取3个结果的平均值。如3个试验结果计算的干密度偏差超过0.03g/cm^3,则去掉一个偏离大的值,取其两个结果的平均值。

(11)试验中注意问题。

①在加荷装置上安装好贯入杆后,为了使贯入杆端面与试样表面充分接触,所以在贯入杆上施加45N的预压力,将此荷载作为试验时的零荷载,并将该状态的贯入量作为零点。

②绘制的压力和贯入量关系曲线,起始部分呈反弯,则表示试验开始时贯入杆端面与土表

面接触不好,应对曲线进行修正。

（12）正确地填写委托书。

4.试验报告

（1）表格记录完整。

（2）内容书写规范。

5.工作态度

（1）工作态度端正。

（2）有一定的组织能力。

（3）与人合作良好。

（4）环境保持整洁。

1.1.4 实 训 项 目

（1）承载比 CBR 试验检测。

（2）土的含水率试验检测。

（3）土的界限含水率试验检测。

（4）击实试验检测。

1.1.5 小 结

路基工程是道路工程第一分项工程,路基工程在施工中容易出现各种质量问题,因此路基工程的试验、检测非常重要。本学习任务介绍了路基工程施工前准备阶段的主要检测内容,使学生对路基工程施工前准备阶段的检测能够系统地掌握。

复习思考题

1. 测界限含水率的意义是什么？界限含水率试验允许误差是多少？锥入深度、锥尖距离控制在多少？

2. 击实试验的目的是什么？击实试验采用的方法中分几层装入土样？每层击数是多少？

3. 直接剪切试验对于扰动土,土样应如何制备？

4. 土的直接剪切试验何时读取百分表读数？

任务 1.2 路基工程施工阶段的试验检测

1.2.1 任 务 导 入

【情境设计】 路基工程在施工阶段的试验检测任务有哪些内容呢？如何进行路基工程在施工阶段的试验检测呢？让我们来学一学吧。

1.2.2 任 务 目 的

路基工程施工阶段的试验检测评定,主要是在施工阶段的现场试验检测,避免施工过程中质量不合格的产品流入下一道工序,只有保证施工过程中每一道工序的质量才能保证整个工程的质量。

1.2.3 任 务 实 施

一、检测项目

路基工程施工阶段的检测项目除了按试验检测频率对准备阶段的项目进行检测外,还需进行一些现场的试验检测,避免不合格的成品产生。路基工程施工阶段现场检测的项目见表1-2-1。

路基工程在施工阶段的检测项目   表1-2-1

序号	检测项目	采用规程(标准)
1	压实度试验(包括环刀法、灌砂法、核子密度仪法)	《公路工程质量检验评定标准》(JTG F80/1—2004);
2	现场承载比 CBR 试验	《金属材料室温拉伸试验方法》(GB 228—2002);《金属材料弯曲试验方法》(GB/T 232—1999);《钢筋焊接及验收规程》(JGJ 18);《公路桥涵施工技术规范》(JTJ 041—2000)
3	弯沉试验	
4	厚度检测	
5	路面基层、底基层施工准备阶段的质量检验评定	

二、检测方法

检测项目1　压实度试验

路基填筑用土是由固体颗粒、水和气体三部分所组成的三相体,经碾压密实后,能有效地提高路基的强度、刚度和稳定性,因此,路基压实质量控制是道路工程施工质量管理最重要的内容之一。

压实度是反映路基现场压实质量的重要技术指标,指工地实际达到的干密度与室内标准击实试验所得的最大干密度的比值。路基土的最大干密度和相应的最佳含水率可以通过在室内模拟现场施工条件的标准击实试验获得。

现场压实质量用压实度表示,对于路基土及路面基层,压实度是指工地实际达到的干密度与室内标准击实试验所得的最大干密度的比值,其现行的检测方法主要包括灌砂法、环刀法、水袋法和核子法,其他有路用雷达法、瑞利法等快速无破损的检测方法尚在研究阶段,尚未正式推广使用。这里只介绍灌砂法、环刀法和核子法。

(1)测定土的压实度。试验方法可采用灌砂法,适用于在现场测定细粒土、砂类土和砾石土路基压实度及其检测,但不适用于填石路堤等有大孔洞或大孔隙材料的压实度检测。采用挖坑灌砂法测定密度和压实度时,应符合下列规定:

当集料的最大粒径小于15mm,测定层的厚度不超过150mm 时,宜采用φ100mm 的小型灌砂筒测试。

当集料的最大粒径等于或大于15mm,但不大于40mm,测定层的厚度超过150mm,但不超过200mm 时,应用φ150mm 的大型灌砂筒测试。

(2)环刀法测定土基及路面材料的密度及压实度。环刀法适用于测定细粒土及无机结合料稳定细粒土的密度。但对无机结合料稳定细粒土,其龄期不宜超过2d,且宜用于施工过程中的压实度检验。

（3）核子密度仪法。适用于现场用核子密度湿度仪以散射法或直接透射法测定路基或路面材料的密度和含水率，并计算施工压实度。本方法适用于施工质量的现场快速评定，不宜用做仲裁试验或评定验收的依据。

本方法用于测定沥青混合料面层的压实密度时，在表面用散射法测定，所测定沥青面层的层厚应不大于根据仪器性能决定的最大厚度。用于测定土基或基层材料的压实密度及含水率时，打洞后用直接透射法测定，测定层的厚度不宜大于20cm。

【检测方法1】 灌砂法

1. 仪器准备

（1）灌砂筒：有大小两种，根据需要采用。类型和主要尺寸见表1-2-2。当尺寸与表中不一致，但不影响使用时，亦可使用。储砂筒筒底中心有一个圆孔，下部装一倒置的圆锥形漏斗，漏斗上端开口，直径与储砂筒的圆孔相同。漏斗焊接在一块铁板上，铁板中心有一圆孔与漏斗上开口相接。在储砂筒筒底与漏斗顶端铁板之间设有开关。开关为一薄铁板，一端与筒底及漏斗铁板铰接在一起，另一端伸出筒身外。开关铁板上也有一个相同直径的圆孔。

灌砂仪的主要尺寸 表1-2-2

结 构		小型灌砂筒	大型灌砂筒
储砂筒	直径（mm）	100	150
	容积（cm³）	2 120	4 600
流砂孔	直径（mm）	10	15
金属标定罐	内径（mm）	100	150
	外径（mm）	150	200
金属方盘基板	边长（mm）	350	400
	深（mm）	40	50
	中孔直径（mm）	100	150

注：如集料的量大粒径超过40cm，则应相应地增大灌砂筒和标定罐的尺寸，如集料的最大粒径超过60cm，灌砂筒和现场试洞的直径应为200mm。

（2）金属标定罐：用薄铁板制作的金属罐，上端周围有一罐缘。

（3）基板：用薄铁板制作的金属方盘，盘的中心有一圆孔。采用小型灌砂筒时圆孔的直径为100mm，采用大型灌砂筒时圆孔的直径为150mm。

（4）玻璃板：边长约500~600mm的方形板。

（5）试样盘：小筒挖出的试样可用饭盒存放，大筒挖出的试样可用300mm × 500mm × 40mm的搪瓷盘存放。

（6）天平或台秤：称量10~15kg，感量不大于1g。用于含水率测定的天平精度，对细粒土、中粒土、粗粒土宜分别为0.01g、0.1g、1.0g。

（7）含水率测定器具：如铝盒、烘箱等。

（8）量砂：粒径0.30~0.60mm或0.25~0.50mm清洁干燥的均匀砂，约20~40kg，使用前须洗净、烘干，并放置足够的时间，使其与空气的湿度达到平衡。

注：通常，量砂烘干后存放7d，就足以使砂的含水率与空气的湿度相平衡。不要将砂放在密闭的容器内，在使用前应该将砂彻底拌和。

（9）盛砂的容器：塑料桶等。

（10）其他：凿子、改锥、铁锤、长把勺、长把小簸箕、毛刷等。

2. 试样准备

（1）确定灌砂筒下部圆锥体内砂的质量。其步骤如下：

①在灌砂筒中装满砂。筒内的高度与筒顶的距离不超过 15mm。称取筒内砂的质量 m_1，准确至 1g。以后每次标定及试验都应该维持装砂高度与质量不变。

②将开关打开，使灌砂筒筒底的流砂孔、圆锥形漏斗上端开口圆孔及开关铁板中心的圆孔上下对准，让砂自由流出，并使流出砂的体积与工地所挖试坑内的体积相当（或等于标定罐的容积），然后关上开关。

③不晃动储砂筒的砂，轻轻地将灌砂筒移至玻璃板上，将开关打开，让砂流出，直到筒内砂不再下流时，将开关关上，并细心地取走灌砂筒。

④收集并称量留在玻璃板上的砂或称量筒内的砂，准确至 1g。玻璃板上的砂就是填满筒下部圆锥体的砂（m_2）。

⑤重复上述测量三次，取其平均值。

（2）确定量砂的单位质量 ρ_s（g/cm³）。其步骤如下：

①用水确定标定罐的容积 V，准确至 1cm³。

将空罐放在台秤上，使罐的上口处于水平位置，读记罐质量 m_5，准确至 1g。向标定罐中灌水，注意不要将水弄到台秤上或罐的外壁。将一直尺放在罐顶，在罐中水面快接近直尺时，用滴管向罐中加水，直到水面接触直尺，移去直尺，读记罐和水的合重 m_4，准确至 1g。重复测量 5～6次，以获得精确的平均值 m_4。重复测量时，仅需从罐中取出少量水（用吸管），并用滴管重新将水加满到接触直尺。标定罐的体积为：

$$V = m_4 - m_5 \tag{1-2-1}$$

式中：V——标定罐的体积，cm³；

m_4——标定罐和水的合计质量，g；

m_5——标定罐的质量，g。

②在储砂筒中装入质量为 m_1 的砂，并将灌砂筒放在标定罐上，将开关打开，让砂流出。在整个流砂过程中，不要碰动灌砂筒，直到储砂筒内的砂不再下流时，将开关关闭。取下罐砂筒，称取筒内剩余砂的质量（m_3），准确至 1g。

③按式（1-2-2）计算填满标定罐所需砂的质量 m_a（g）。

$$m_a = m_1 - m_2 - m_3 \tag{1-2-2}$$

式中：m_1——装入灌砂筒内的砂的总质量，g；

m_2——灌砂筒下部圆锥体内砂的质量，g；

m_3——灌砂入标定罐后，筒内剩余砂的质量，g。

④重复上述测量三次，取其平均值。

⑤计算量砂的单位质量 ρ_s（g/cm³）。

$$\rho_s = \frac{m_a}{V} \tag{1-2-3}$$

式中：ρ_s——量砂的单位质量，g/cm³；

V——标定罐的体积，cm³。

3. 试验步骤

（1）在试验地点，选一块平坦表面，并将其清扫干净，其面积不得小于基板面积。

将基板放在平坦表面上。当表面的粗糙度较大时,则将盛有量砂(m_5)的灌砂筒放在基板中间的圆孔上,将灌砂筒的开关打开,让砂流入基板的中孔内,直到储砂筒内的砂不再下流时关闭开关。取下灌砂筒,并称量筒内砂的质量(m_6),准确至1g。

(2)取走基板,并将留在试验地点的量砂收回,重新将表面清扫干净。

(3)将基板放回清扫干净的表面上(尽量放在原处),沿基板中孔凿洞(洞的直径与灌砂筒一致)。在凿洞过程中,应注意不使凿出的材料丢失,并随时将凿松的材料取出装入塑料袋中,不使水分蒸发。也可放在大试样盒内,试洞的深度应等于测定层厚度,但不得有下层材料混入,最后将洞内的全部凿松材料取出。对土基或基层,为防止试样盘内材料的水分蒸发,可分几次称取材料的质量。全部取出材料的总质量为m_w,准确至1g。

(4)从挖出的全部材料中取有代表性的样品,放在铝盒或洁净的搪瓷盘中,测定含水率(w,以%计)。样品的数量如下:用小灌砂筒测定时,对于细粒土,不少于100g;对于各种中粒土,不少于500g。用大灌砂筒测定时,对于细粒土,不少于200g;对于各种中粒土,不少于1 000g。对于粗粒土、石灰、粉煤灰等无机结合料稳定材料,宜将取出的全部材料烘干,且不少于2 000g,称其质量(m_d),准确至1g。

(5)将基板安放在试坑上,将灌砂筒安放在基板中间(储砂筒内放满砂到要求质量m_1),使灌砂筒的下口对准基板的中孔及试洞,打开灌砂筒的开关,让砂流入试坑内。在此期间,应注意勿碰动灌砂筒。直到储砂筒内的砂不再下流时,关闭开关。仔细取走灌砂筒,并称量筒内剩余砂的质量(m_2),准确至1g。

(6)如清扫干净的平坦表面的粗糙度不大,也可省去步骤(2)和步骤(3)的操作。在试洞挖好后,将灌砂筒直接对准放在试坑上,中间不需要放基板。打开筒的开关,让砂流入试坑内。在此期间,应注意勿碰动灌砂筒,直到储砂筒内的砂不再下流时,关闭开关。仔细取走灌砂筒,并称量剩余砂的质量(m_4),准确至1g。

(7)仔细取出试筒内的量砂,以备下次试验时再用。若量砂的湿度已发生变化或量砂中混有杂质,则应该重新烘干、过筛,并放置一段时间,使其与空气的湿度达到平衡后再用。

计算填满试坑所用砂的质量m_b(g)。

①灌砂时,试坑上放有基板:

$$m_b = m_1 - m_4 - (m_5 - m_6) \tag{1-2-4}$$

②灌砂时,试坑上不放有基板:

$$m_b = m_1 - m'_4 - m_2 \tag{1-2-5}$$

式中: m_b——填满试坑的砂的质量,g;

m_1——灌砂前灌砂筒内砂的质量,g;

m_2——灌砂筒下部圆锥体内砂的质量,g;

m_4、m'_4——灌砂后,灌砂筒内剩余砂的质量,g;

($m_5 - m_6$)——灌砂筒下部圆锥体内及基板和粗糙表面间砂的合计质量,g。

按式(1-2-6)计算试坑材料的湿密度ρ_w(g/cm^3)。

$$\rho_w = \frac{m_w}{m_b} \times \gamma_s \tag{1-2-6}$$

式中:m_w——试坑中取出的全部材料的质量,g;

γ_s——量砂的单位质量,g/cm^3。

按式(1-2-7)计算试坑材料的干密度ρ_d(g/cm^3)。

$$\rho_d = \frac{\rho_w}{1 + 0.01w} \qquad (1\text{-}2\text{-}7)$$

式中：w——试坑材料的含水率，%。

当为水泥、石灰、粉煤灰等无机结合料稳定土时，可按式(1-2-8)计算干密度 ρ_d (g/cm³)。

$$\rho_d = \frac{m_d}{m_b} \times \gamma_s \qquad (1\text{-}2\text{-}8)$$

式中：m_d——试坑中取出的稳定土的烘干质量，g。

按式(1-2-9)计算施工压实度 K。

$$K = \frac{\rho_d}{\rho_c} \times 100 \qquad (1\text{-}2\text{-}9)$$

式中：K——测试地点的施工压实度，%；

　　　ρ_d——试样的干密度，g/cm³；

　　　ρ_c——由击实试验得到的试祥的最大干密度，g/cm³。

注：试坑材料组成与击实试验的材料有较大差异时，可以试坑材料作标准击实试验以求取实际的最大干密度。

【检测方法2】 环刀法

1.仪器准备

(1)人工取土器：包括环刀、环盖、定向筒和击实锤系统（导杆、落锤、手柄）。环刀内径 6~8cm，高 2~3cm，壁厚 1.5~2mm。

(2)电动取土器：由底座、行走轮、立柱、齿轮箱、升降机构、取芯头等组成，另配有相应的取芯套筒、扳手、铅盒等。

(3)动力相传动机构：主要由直流电机、调速器、齿轮箱组成，另配蓄电池和充电器。当电机工作时，通过齿轮箱的齿轮将动力传给取芯机构，升降轴旋转，取芯头进入旋切工作状态。

(4)天平：感量 0.1g（用于取芯头内径小于 70mm 样品的称量）或 1.0g（用于取芯头内径 100mm 样品的称量）。

(5)其他：镐、小铁锹、修土刀、毛刷、直尺、钢丝锯、凡士林、木板及测定含水率设备等。

2.试样准备

按有关试验方法对检测试样用同种材料进行击实试验，得到最大干密度以及最佳含水率。

3.试验步骤

(1)用人工取土器测定黏性土及无机结合料稳定细粒土密度的步骤：

①擦净环刀，称取环刀质量 m_2，准确至 0.1g。

②在试验地点，将面积约 30cm×30cm 的地面清扫干净，并将压实层铲去表面浮动及不平整的部分，达一定深度，使环刀打下后，能达到要求的取土深度，但不得将下层扰动。

③将定向筒齿钉固定于铲平的地面上，顺次将环刀、环盖放入定向筒内与地面垂直。

④将导杆保持垂直状态，用取土器落锤将环刀打入压实层中，至环盖顶面与定向筒上口齐平为止。

⑤去掉击实锤和定向筒，用镐将环刀及试样挖出。

⑥轻轻取下环盖，用修土刀自边至中削去环刀两端余土，用直尺检测直至修平为止。

⑦擦净环刀外壁，用天平称取出环刀及试样合计质量 m_1，准确至 0.1g。

⑧自环刀中取出试样，取具有代表性的试样测定其含水率(w)。

（2）用人工取土器测定砂性土或砂层密度时的步骤：

①如为湿润的砂土，试验时不需使用击实锤和定向筒。在铲平的地面上，细心挖出一个直径较环刀外径略大的砂土柱，将环刀刃口向下，置于砂土柱上，用两手平稳地将环刀垂直压下，直至砂土柱突出环刀上端约2cm时为止。

②削掉环刀口上的多余砂土，并用直尺刮平。

③在环刀上口盖一块平滑的木板，一手按住木板，另一手用小铁锹将试样从环刀底部切断，然后将装满试样的环刀反转过来，削去环刀刃口上部的多余砂土，并用直尺刮平。

④擦净环刀外壁，称环刀与试样合计质量（m_1），准确至0.1g。

⑤自环刀中取具有代表性的试样测定其含水率。

⑥干燥的砂土不能挖成砂土柱时，可直接将环刀压入或打入土中。

（3）用电动取土器测定无机结合料细粒土和硬塑土密度的步骤：

①装上所需规格的取芯头。在施工现场取芯前，选择一块平整的路段，将四只行走轮打起，四根定位销钉采用人工加压的方法，压入路基土层中。松开锁紧手柄，旋动升降手轮，使取芯头刚好与土层接触，锁紧手柄。

②将电瓶与调速器接通，调速器的输出端接入取芯机电源插口。指示灯亮，显示电路已通；启动开关，电动机工作，带动取芯机构转动。根据土层含水率调节转速，操作升降手柄，上提取芯机构，停机，移开机器。由于取芯头圆筒外表有几条螺旋状突起，切下的土屑排在筒外顺螺纹上旋抛出地表。因此，将取芯套筒套在切削好的土芯立柱上，摇动即可取出样品。

③取出样品，立即按取芯套筒长度用修土刀或钢丝锯修平两端，制成所需规格土芯，如拟进行其他试验项目，装入铅盒，送试验室备用。

④用天平称量土芯带套筒质量（m_1），准确至0.1g，从土芯中心部分取试样测定含水率。

（4）本试验须进行两次平行测定，其平行差值不得大于0.03g/cm³。求其算术平均值。

（5）计算湿密度及干密度。

按式（1-2-10）、式（1-2-11）计算试样的湿密度及干密度。

$$\rho = \frac{m_1 - m_2}{V} = \frac{4 \times (m_1 - m_2)}{\pi \cdot d^2 \cdot h} \tag{1-2-10}$$

$$\rho_d = \frac{\rho_w}{1 + 0.01w} \tag{1-2-11}$$

式中：ρ——试样的干密度，g/cm³；

m_1——环刀与土合重，g；

m_2——环刀重，g；

w——试坑材料的含水率，%；

ρ_d——试样的干密度，g/cm³；

ρ_c——由击实试验得到的试样的最大干密度，g/cm³。

（6）计算压实度。

按式（1-2-12）计算压实度K（%）。

$$K = \frac{\rho_d}{\rho_c} \times 100 \tag{1-2-12}$$

式中：ρ_d——试样的干密度，g/cm³；

ρ_c——由击实试验得到的试样的最大干密度,g/cm^3。

【检测方法3】 核子仪

1. 仪器准备

(1)核子密度湿度仪:符合国家规定的关于健康保护和安全使用标准,密度的测定范围为1.12 ~ 2.73g/cm^3,测定误差不大于 ±0.03g/cm^3。含水率测量范围为 0 ~ 0.64g/cm^3,测定误差不大于 ±0.015g/cm^3。它主要包括下列部件:

①γ 射线源:双层密封的同位素放射源,如铯—137、钴—60 或镭—226 等。

②中子源:如镅(241)—铍等。

③探测器:γ 射线探测器,如 G—M 计数管、氦—3、闪烁晶体或热中子探测器等。

④读数显示设备:如液晶显示器、脉冲计数器、数率表或直接连数表。

⑤标准板:提供检验仪器操作和散射计数参考标准用。

⑥安全防护设备:符合国家规定要求的设备。

⑦刮平板、钻杆、接线等。

(2)细砂:0.15 ~ 0.3mm。

(3)天平或台秤。

(4)其他:毛刷等。

2. 试样准备

(1)每天使用前按下列步骤用标准板测定仪器的标准值:

①接通电源,按照仪器使用说明书建议的预热时间,预热测定仪。

②在测定前,应检查仪器性能是否正常。在标准板上取 3 ~ 4 个读数的平均值建立原始标准值,并与使用说明书提供的标准值核对,如标准读数超过仪器使用说明书规定的限界时,应重复此项标准测量;若第二次标准计数仍超出规定的限界时,需视为故障并进行仪器检查。

(2)在进行沥青混合料压实层密度测定前,应用核子仪对钻孔取样的试件进行标定;测定其他材料密度时,宜与挖坑灌砂法的结果进行标定。标定的步骤如下:

①选择压实的路表面,按要求的测定步骤用核子仪测定密度,读数。

②在测定的同一位置用钻机钻孔法或挖坑灌砂法取样,量测厚度,按规定的标准方法测定材料的密度。

③对同一种路面厚度及材料类型,在使用前至少测定 15 处,求取两种不同方法测定密度的相关关系,其相关系数应不小于0.9。

(3)测试位置的选择。

①按照随机取样的方法确定测试位置,但与距路面边缘或其他物体的最小距离不得小于30cm。核子仪距其他的射线源不得少于10m。

②当用散射法测定时,应用细砂填平测试位置路表结构凸凹不平的空隙,使路表面平整,能与仪器紧密接触。

③当使用直接透射法测定时,应在表面上用钻杆打孔,孔深略深于要求测定的深度,孔应竖直圆滑并稍大于射线源探头。

(4)按照规定的时间,预热仪器。

3. 试验步骤

(1)如用散射法测定时,应将核子仪平稳地置于测试位置上。

(2)如用直接透射法测定时,应将放射源棒插入已预先打好的孔内。

（3）打开仪器，测试员退出仪器2m以外，按照选定的测定时间进行测量，到达测定时间后，读取显示的各项数值，并迅速关机。

（4）按式（1-2-13）、式（1-2-14）计算施工干密度及压实度。

$$\rho_d = \frac{\rho_w}{1 + 0.01w} \qquad (1\text{-}2\text{-}13)$$

$$K = \frac{\rho_d}{\rho_c} \times 100 \qquad (1\text{-}2\text{-}14)$$

式中：w——试坑材料的含水率，%；

K——测试地点的施工压实度，%；

ρ_d——试样的干密度，g/cm^3；

ρ_c——由击实试验得到的试样的最大干密度，g/cm^3。

（5）使用安全注意事项。

①仪器工作时，所行人员均应退至距离仪器2m以外的地方。

②仪器不使用时，应将手柄置于安全位置，仪器应装入专用的仪器箱内，放置在符合核辐射安全规定的地方。

③仪器应由经有关部门审查合格的专人保管，专人使用。对从事仪器保管及使用的人员，应遵照有关核辐射检测的规定，不符合核防护规定的人员，不宜从事此项工作。

4. 试验报告

（1）填写检测报告。测定路面密度及压实度的同时，应记录气温、路面的结构深度、沥青混合料类型、面层结构及测定厚度等数据和资料。

（2）内容书写规范。

5. 工作态度

（1）工作态度端正。

（2）有一定的组织能力。

（3）与人合作良好。

（4）环境保持整洁。

<h2 style="text-align:center">检测项目2　土基回弹模量测定</h2>

路基的回弹模量是反映路基承载能力的重要技术指标。

所谓回弹模量是指土基强度的一种表示方法，根据理论计算，弹性无限土体的回弹模量按下式计算。

$$E_1 = \frac{\pi D}{4} \cdot \frac{P_i}{L_i}(1 - \mu_0^2) \qquad (1\text{-}2\text{-}15)$$

用承载板、贝克曼梁测定土基回弹模量：在土基表面上通过承载板对土基逐级加载、卸载的方法，测出每级荷载下相应的土基回弹变形值，经过计算求得土基回弹模量。

本方法适用于在现场土基表面上测定土基回弹模量；本方法测定的土基回弹模量可作为路面设计参数使用。

贝克曼梁测定路基回弹模量试验方法适用于在土基和厚度不小于1m的粒料整层表面，用弯沉仪测试各测点的回弹弯沉值，通过计算求得该材料的回弹模量值的试验，也适用于在旧路表面测定路基路面的综合回弹模量。

【检测方法1】 承载板法

1. 仪器准备

（1）加载设施:载有铁块或集料等重物、后轴重不小于60kN的载货汽车一辆,作为加载设备。在汽车大梁的后轴之后约80cm处,附设加劲小梁一根作反力架。汽车轮胎充气压力0.50MPa。

（2）现场测试装置,由千斤顶、测力计(测力环或压力表)及球座组成。

（3）刚性承载板一块,板厚20mm,直径为φ30cm,直径两端设有立柱及其可以调整高度的支座,供安放弯沉仪测头之用,承载板安放在土基表面上。

（4）路面弯沉仪两台,由贝克曼梁、百分表及其支架组成。

（5）液压千斤顶一台,80~100kN,装有经过标定的压力表或测力环,其容量不小于土基强度,测定精度不小于测力计量程的1/100。

（6）秒表。

（7）水平尺。

（8）其他:细砂、毛刷、垂球、镐、铁锹、铲等。

2. 试样准备

（1）根据需要选择有代表性的测点,测点应位于水平的路基上,土质均匀,不含杂物。

（2）仔细平整土基表面,撒干燥洁净的细砂填平土基四处,砂子不可覆盖全部土基表面,以避免形成一层。

（3）安置承载板,并用水平尺进行校正,使承载板处于水平状态。

（4）将试验车置于测点上,在加劲小梁中部悬挂垂球测试,使之恰好对准承载板中心,然后收起垂球。

（5）在承载板上安放千斤顶,上面衬垫钢圆筒、钢板,并将球座置于顶部与加劲横梁接触。如用测力环时,应将测力环置于千斤顶与横梁中间,千斤顶及衬垫物必须保持垂直,以免加压时千斤顶倾倒发生事故并影响测试数据的准确性。

（6）安放弯沉仪,将两台弯沉仪的测头分别置于承载板立柱的支座上,将百分表对零或设于其他合适的初始位置上。

3. 试验步骤

（1）用千斤顶开始加载,注视测力环或压力表,至预压0.05MPa,稳压1min,使承载板与土基紧密接触,同时检查百分表的工作情况是否正常,然后放松千斤顶油门卸载,稳压1min后,将指针对零或记录初始读数。

测定土基的压力—变形曲线。用千斤顶加载,采用逐级加载卸载法,用压力表或测力环控制加载量,荷载小于0.1MPa时,每级增加0.02MPa,以后每级增加0.04MPa左右。为了使加载和计算方便,加载数值可适当调整为整数。每次加载至预定荷载(P)后,稳定1min,立即读记两台弯沉仪百分表数值,然后轻轻放开千斤顶油门卸载至0,待卸载稳定1min后,再次读数,每次卸载后百分表不再对零。当两台弯沉仪百分表读数之差小于平均值的30%时,取平均值。如超过30%,则应重测。当回弹变形值超过1mm时,即可停止加载。

（2）各级荷载的回弹变形和总变形,按以下方法计算:

回弹变形(L) =（加载后读数平均值－卸载后读数平均值)×弯沉仪杠杆比

总变形(L') =（加载后读数平均值－加载初始前读数平均值)×弯沉仪杠杆比

（3）测定总影响量 a。最后一次加载卸载循环结束后,取走千斤顶,重新读取百分表初读数,然后将汽车开出10m以外,读取终读数,两只百分表的初、终读数差之平均值即为总影响量 a。

(4)在试验点下取样,测定材料含水率。取样数量如下:

最大粒径不大于5mm,试样数量约120g;

最大粒径不大于25mm,试样数量约250g;

最大粒径不大于40mm,试样数量约500g。

(5)在紧靠试验点旁边的适当位置,用灌砂法或环刀法等测定土基的密度。

(6)本试验的各项数值可记录于表1-2-3的记录表中。

各级荷载影响量　　　　　　　　　　　　　　　　　表1-2-3

承载板压力(MPa)	0.05	0.10	0.15	0.20	0.30	0.40	0.50
影响量	0.06a	0.12a	0.18a	0.24a	0.36a	0.48a	0.60a

(7)影响量的计算。各级压力的回弹变形值加上该级的影响量后,则为计算回弹变形值。表1-2-3中的数据是按后轴重60kN的标准车为测试车的各级荷载影响量的计算值。当使用其他类型测试车时,各级压力下的影响量按式(1-2-16)计算。

$$a_i = \frac{(T_1 + T_2)\pi D^2 p_i}{4T_1 Q} \cdot a \tag{1-2-16}$$

式中:T_1——测试车前后轴距,m;

T_2——加劲小梁距后轴距离,m;

D——承载板直径,m;

Q——测试车后轴重,N;

p_i——该级承载板压力,Pa;

a——总影响量,0.01mm;

a_i——该级压力的分级影响量,0.01mm。

(8)回弹横量的计算。

①将各级计算回弹变形值点绘于标准计算纸上,排除显著偏离的异常点并绘出顺滑的p—L曲线,如曲线起始部分出现反弯,应按图1-2-1所示修正原点O,O'则是修正后的原点。

②计算相应于各级荷载下的土基回弹模量E_i值。

$$E_i = \frac{\pi D}{4} \cdot \frac{p_i}{L_i}(1 - \mu_0^2) \tag{1-2-17}$$

式中:E_i——相应于各级荷载下的土基回弹模量,MPa;

μ_0——土的泊松比,根据部颁路面设计规范规定选用;

D——承载板直径,m;

p_i——承载板压力,MPa;

L_i——相对于荷载p_i时的回弹变形,cm。

③取结束试验前的各回弹变形值按线性回归方法计算土基回弹模量E_0值。

$$E_0 = \frac{\pi D}{4} \cdot \frac{\sum p_i}{\sum L_i}(1 - \mu_0^2) \tag{1-2-18}$$

式中:E_0——土基回弹模量,MPa;

μ_0——土的泊松比,根据部颁设计规范规定取用;

L_i——结束试验前的各级实测回弹变形值,cm;

p_i——对应于L_i的各级压力值,MPa。

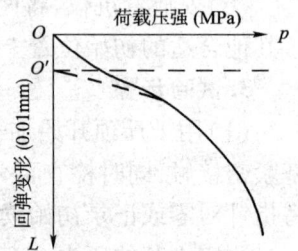

图 1-2-1　修正原点示意图

【检测方法 2】 贝克曼梁法

1. 仪器准备

（1）标准车：双轴、后轴双侧 4 轮的载货车，其标准轴荷载、轮胎尺寸、轮胎间隙及轮胎气压等主要参数应符合表 1-2-4 的要求。测试车可根据需要按公路等级选择，高速公路、一级及二级公路应采用后轴 10t 的 BZZ—100 标准车；其他等级公路可采用后轴 6t 的 BZZ—60 标准车。

测定弯沉用的标准车参数　　　　　　　　　　　　　　　　表 1-2-4

标准轴载等级	BZZ—100	BZZ—60
后轴标准轴载 P（kN）	100 ± 1	600 ± 1
一侧双轮荷载（kN）	50 ± 0.5	30 ± 0.5
轮胎充气压力（kN）	0.70 ± 0.05	0.50 ± 0.05
单轮传压面当量直径（cm）/	21.30 ± 0.5	19.50 ± 0.5
轮隙宽度	应满足能自由插入弯沉测头的测试要求	

（2）路面弯沉仪：由贝克曼梁、百分表及表架组成。贝克曼梁由合金铝制成，上有水准泡，其前臂（接触路面）与后臂（装百分表）长度比为 2∶1，标准弯沉仪前后臂分别为 240mm 和 120mm，加长弯沉仪分别为 360mm 和 180mm。弯沉采用百分表量得。

（3）路表温度计：分度不大于 1℃。

（4）接长杆：直径 16mm，长 500mm。

（5）其他：皮尺、口哨、粉笔、指挥旗等。

2. 试样准备

（1）选择洁净的路基路面表面作为测点，在测点处做好标记并编号。

（2）无结合料粒料基层的整层试验段（试槽）应符合下列要求：

①整层试槽可修筑在行车带范围内或路肩及其他合适处，也可在室内修筑，但均应适于用汽车测定弯沉。

②试槽应选择在干燥或中湿路段处，不得铺筑在软土基上。

③试槽面积不小于 3m × 2m，厚度不宜小于 1m。铺筑时，先挖 3m × 2m × 1m（长 × 宽 × 深）的坑，然后用欲测定的同一种路面材料按有关施工规范规定的压实层厚度分层铺筑并压实，直至顶面，使其达到要求的压实度标准。同时应严格控制材料组成，配比均匀一致，符合施工质量要求。

④试槽表面的测点布置在中间 2m × 1m 的范围内，可测定 23 点。

3. 试验步骤

（1）选择适当的标准车，实测各测点处的路面回弹弯沉值 L_1。如在旧沥青面层上测定时，应读取温度，并按《公路路基路面现场测试规程》（JTG E60—2008）中 T 0951 规定的方法进行测定弯沉值的温度修正，得到标准温度 20℃时的弯沉值。

（2）计算全部测定值的算术平均值 $\bar{L}$、单次测定值的标准差 S 和自然误差 r_0。

$$\left. \begin{array}{l} \bar{L} = \dfrac{\sum L_i}{N} \\[3mm] S = \dfrac{\sqrt{\sum (L_i - \bar{L})^2}}{N-1} \\[3mm] r_0 = 0.675 \times S \end{array} \right\} \qquad (1\text{-}2\text{-}19)$$

式中：$\overline{L}$——回弹弯沉的平均值，0.01mm；

　　　S——回弹弯沉测定值的标准差，0.01mm；

　　　r_0——回弹弯沉测定值的自然误差，0.01mm；

　　　L_i——各测点的回弹弯沉值，0.01mm；

　　　N——测点总数。

（3）计算各测点的测定值与算术平均值的偏差值 $d_i = L_i - \overline{L}$，并计算较大的偏差与自然误差之比式 d_1/r_0。当某个测点观测值的 d_1/r_0 值大于表 1-2-5 中的 d/r 极限值时，则应舍弃该测点，然后重复步骤（1），计算所余各测点的算术平均值（$\overline{L}$）及标准差（S）。

相应于不同观测次数的 d/r 极限值　　　　　　　　　　　　　　　　表 1-2-5

N	5	10	15	20	50
d/r	2.5	2.9	3.2	3.3	3.8

（4）计算代表弯沉值和材料回弹模量。

①按式（1-2-20）计算代表弯沉值 L_1。

$$L_1 = \overline{L} + S \qquad (1\text{-}2\text{-}20)$$

式中：L_1——计算代表弯沉，0.01mm；

　　　$\overline{L}$——舍弃不合要求的测点后所余各测点弯沉的算术平均值，0.01mm；

　　　S——舍弃不合要求的测点后所余各测点弯沉的标准差，0.01mm。

②按式（1-2-21）计算土基、整层材料的回弹模量（E_1）或旧路的综合回弹模量。

$$E_1 = \frac{2p\delta}{L_1}(1 - \mu^2)\alpha \qquad (1\text{-}2\text{-}21)$$

式中：E_1——计算的土基、整层材料的回弹模量或旧路的综合回弹模量，MPa；

　　　p——测定车轮的平均垂直荷载，MPa；

　　　δ——测定用标准车双圆荷载单轮传压面当量圆的半径，cm；

　　　μ——测定层材料的泊松比，根据部颁路面设计规范的规定取用；

　　　α——弯沉系数，为 0.712。

（5）报告应包括弯沉测定表、计算的代表弯沉、采用的泊松比及计算得到的材料回弹模量 E_1 等，对沥青路面应报告测试时的路面温度。

检测项目 3　土基现场 CBR 值测试

CBR 值是反映路基承载能力的重要技术指标，CBR 试验可分为室内试验和室外试验两种。

承载板法测试土基现场 CBR 值的方法适用于在公路现场测定各种土基材料的现场 CBR 值。

本方法所用试样的最大集料粒径宜小于 25mm，最大不得超过 40mm。

落球仪快速测定土基现场 CBR 值试验：适用于细粒土用落球仪在现场快速测定土基的现场 CBR 值。

【检测方法1】　承载板法

1. 仪器准备

（1）荷重装置：装载有铁块或集料等重物的载货汽车，后轴重不小于 60kN，在汽车大梁的后轴之后设有一加劲横梁作反力架用。

（2）现场测试装置：由千斤顶（机械或液压）、测力计（测力环或压力表）及球座组成。千斤顶可使贯入杆的贯入速度调节成 1mm/min。测力计的容量不小于土基强度，测定精度不小于测力计量程的 1/100。

（3）贯入杆：直径 φ50mm，长约 200mm 的金属圆柱体。

（4）承载板：每块 1.25kg，直径 φ150mm，中心孔眼直径 φ52mm，不小于 4 块，并沿直径分为两个半圆块。

（5）贯入量测定装置由平台及百分表组成，百分表量程 20mm，精度 0.01mm，数量 2 个，对称固定于贯入杆上，端部与平台接触。平台跨度不小于 50cm。

注：此设备也可用两台贝克曼梁弯沉仪代替。

（6）细砂：洁净干燥的细干砂，粒径 0.3～0.6mm。

（7）其他：铁铲、盘、直尺、毛刷、天平等。

2. 试样准备

（1）将试验地点直径约 φ30cm 范围的表面找平，用毛刷刷净浮土，如表面为粗粒土时，应撒布少许洁净的干砂填平，但不能覆盖全部土基避免形成一层。

（2）装置测试设备，千斤顶顶在汽车后轴上且调节至高度适中。贯入杆应与土基表面紧密接触。

（3）安装贯入量测定装置，将支架平台、百分表（或两台贝克曼梁弯沉仪）安装好。

3. 试验步骤

（1）在贯入杆位置安放 4 块 1.25kg 的分开成半圆的承载板（共 5kg）。

（2）调节测力计及贯入量百分表，调零，记录初始读数。

（3）起动千斤顶，使贯入杆以 1mm/min 的速度压入土基，当相应于贯入量为 0.5mm、1.0mm、1.5mm、2.0mm、2.5mm、3.0mm、4.0mm、5.0mm、7.5mm、10.0mm 及 12.5mm 时，分别读取测力计读数。根据情况，也可在贯入量达 2.5mm 时结束试验。

注：用千斤顶连续加载，两个贯入量百分表及测力计均应在同一时刻读数，当两个百分表读数不超过平均值的 30% 时，以其平均值作为贯入量，当两个表读数差值超过平均值的 30% 时，应停止试验。

（4）卸除荷载，移去测定装置。

（5）在试验点下取样，测定材料含水率。取样数量如下：

最大粒径不大于 5mm，试样数量约 120g；

最大粒径不大于 25mm，试样数量约 250g；

最大粒径不大于 40mm，试样数量约 500g。

（6）在紧靠试验点旁边的适当位置，用灌砂法或环刀法等测定土基的密度。

（7）计算。

①绘制荷载压强—贯入量曲线。将贯入试验得到的等级荷重数除以贯入断面积（19.625cm²），得到各级压强（MPa），绘制荷载压强—贯入量曲线如图 1-2-2 所示。当图中曲线如 2 所示有明显下凹的情况时，应在曲线的拐弯处作切线延长修正贯入量，以与坐标轴相交的点 O′ 做原点，得到修正后的压强—贯入量曲线。

②计算现场 CBR 值。从压强—贯入量曲线上读取贯入量为 2.5mm 及 5.0mm 时的荷载压强 p_1，按下式计算现场 CBR 值。CBR 一般以贯入量 2.5mm 时的测定值为准，当贯入量 5.0mm 时的 CBR

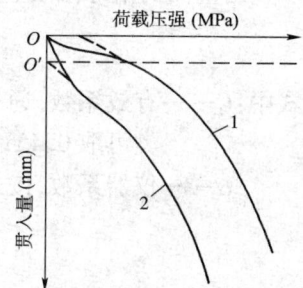
图 1-2-2　荷载压强—贯入量关系曲线图

值大于 2.5mm 时的 CBR 值时,应重新试验,如重新试验,仍然如此,则以贯入量 5.0mm 时的 CBR 值为准。

$$现场 CBR = \frac{p_1}{p_0} \times 100(\%) \qquad (1\text{-}2\text{-}22)$$

式中:p_1——荷载压强,MPa;

p_0——标准压强,当贯入量为 2.5mm 时为 7MPa,当贯入量为 5.0mm 时为 10.5MPa。

【检测方法 2】 落球仪快速测定法

1. 仪器准备

(1)落球仪:包括底座、落球支架、导杆及落球、导杆卡口开关、刻度标尺、仪器平整水泡、100mm 内径的底座套板。落球及导杆的总质量为 4.5kg ± 0.01kg,其落高为 600mm ± 0.5mm,落球半径为 47mm ± 0.1mm。

(2)卡尺或钢板尺。

(3)刮刀。

(4)水平尺。

(5)其他:记录纸、塑料纸、复写纸。

2. 试样准备

(1)利用当地材料进行试验,建立现场 CBR 值与用落球仪测定的陷痕直径 D 的相关关系,确定有效系数 C,测点数宜不少于 15 个,相关系数应不小于 0.90。

(2)用刮刀将路基土表面刮平,用水平尺检查地表面是否保持水平。

3. 试验步骤

(1)将落球仪底座置于路基土表面已刮平的测点处,将导杆提高至落高就位卡口位置,按卡口开关,球体自由落下,在刻度标尺上读出落球陷痕直径 D 值,再用卡尺或钢板尺量测落球陷痕直径 D 值的准确值,予以记录。

(2)在室内击实土样的试筒上测定时,可采用 100mm、150mm 两种试筒。当采用处置 150mm 试筒时,应将 100mm 底座套板、仪器底座套在试筒顶部。其余操作同上。

(3)当测定粗砂类土路基球体陷痕不清晰时,可在刮平土基表面依次铺上记录纸、复写纸、塑料纸。球体下落在地表记录纸上,即可从纸上量读印痕直径 D 值,并与刻度标尺读数进行核对。

(4)各测点两侧平行测定 D 值后取平均值。

4. 结果整理

由量测的落球陷痕直径 D 值,计算现场 CBR 值。

$$现场 CBR = C \cdot \alpha$$

式中:C——有效系数,通过建立的相关关系确定,当无此条件时,黏性土类可取 0.35,砂性土类可取 0.45;

α——仪器系数,按式(1-2-23)计算,亦可由表 1-2-6 查得。

$$\alpha = \frac{\left(H + R - \sqrt{R^2 - D^2/4}\right)W}{1.01 D^{1.39}\left(R - \sqrt{R^2 - D^2/4}\right)^{1.62}} \qquad (1\text{-}2\text{-}23)$$

式中:D——落球陷痕直径,cm;

W——导杆与落球质量,等于 4.5kg;

H——球体落高,等于 60cm;

R——球体直径,等于 4.7cm。

落球仪的仪器常数 α 　　　　表 1-2-6

$D(\mathrm{cm})$	α	$D(\mathrm{cm})$	α	$D(\mathrm{cm})$	α	$D(\mathrm{cm})$	α
2.5	1 332.33	3.7	209.85	4.9	54.28	6.1	18.25
2.6	1 108.39	3.8	184.79	5.0	49.16	6.2	16.79
2.7	928.82	3.9	163.24	5.1	44.62	6.3	15.47
2.8	782.97	4.0	144.63	5.2	40.50	6.4	14.26
2.9	664.01	4.1	128.52	5.3	36.95	6.5	13.16
3.0	565.95	4.2	114.63	5.4	33.65	6.6	12.15
3.1	485.29	4.3	102.23	5.5	30.72	6.7	11.23
3.2	417.56	4.4	91.49	5.6	28.09	6.8	10.39
3.3	361.36	4.5	82.08	5.7	25.69	6.9	9.61
3.4	313.58	4.6	73.28	5.8	23.56	7.0	8.90
3.5	273.33	4.7	66.49	5.9	21.62	7.1	8.24
3.6	239.07	4.8	60.01	6.0	19.85	7.2	7.64

1.2.4 实 训 项 目

(1)路基压实度试验检测。

(2)路基回弹模量试验检测。

(3)现场 CBR 值试验检测。

1.2.5 小　　结

　　路基工程是道路工程第一分项工程,路基工程在施工中容易出现各种质量问题,因此,路基工程的试验、检测非常重要。本学习任务介绍了路基工程施工前准备阶段的主要检测内容,使学生对路基工程施工前准备阶段的检测能够系统地掌握。

　　路基填筑用土是由固体颗粒、水和气体三部分所组成的三相体,经碾压密实后,能有效地提高路基的强度、刚度和稳定性,因此,路基压实质量控制是道路工程施工质量管理最重要的内容之一。

　　压实度是反映路基现场压实质量的重要技术指标,指工地实际达到的干密度与室内标准击实试验所得的最大干密度的比值。路基土的最大干密度和相应的最佳含水率可以通过在室内模拟现场施工条件的标准击实试验获得。

　　路基土密度通常采用灌砂法、环刀法、水袋法和核子仪法等方法进行测定,其他如路用雷达法、瑞利法等快速无破损的检测方法尚在研究阶段,尚未正式推广使用。

　　路基的回弹模量和 CBR 值是反映路基承载能力的重要技术指标,CBR 试验可分为室内试验和室外试验两种。

复习思考题

1. 不同材料的路基应采用哪种方法检测其压实度?
2. 简述灌砂法测定压实度的要点。
3. 在标准击实试验中准备试样的方法有哪些?
4. 简述用落球仪检测路基现场 CBR 值的试验步骤。
5. 路基回弹模量的检测方法有哪些? 试简述其试验步骤。
6. 某二级公路路基工程进行交工验收,已知压实度规定值为 93% ,规定极值为 88% ,测得某段路基压实度数值为 94.5、95.5、94.0、93.5、93.6、92.5、90.5、94.5、95.5、95.5(单位为%),试对该段路基压实度检测结果进行评定。

任务 1.3 路基工程竣工阶段的检测

1.3.1 任 务 导 入

【情境设计】 路基工程在竣工阶段的试验检测任务有哪些内容呢? 如何进行路基工程在竣工阶段的试验检测呢? 让我们来学一学吧。

1.3.2 任 务 目 的

路基工程在竣工阶段须进行试验检测评定,避免不合格的材料和产品流入下一道工序。只有保证施工过程中每一道工序的质量才能保证整个工程的质量。

1.3.3 任 务 实 施

一、检测项目

路基工程竣工阶段主要进行试验检测,避免不合格的路基工程流入下一道工序。路基工程竣工阶段需检测的项目除了按试验检测频率对准备阶段的项目进行检测外,还需对表 1-3-1 中的项目进行检测。

路基工程竣工阶段的检测项目   表 1-3-1

序号	检 测 项 目	采用规程(标准)
1	压实度	《公路工程质量检验评定标准(土建工程)》(JTG F80/1—2004);
2	现场承载比 CBR 试验	《金属材料室温拉伸试验方法》(GB 228—2002);
3	弯沉试验	《金属材料弯曲试验方法》(GB/T 232—1999)《钢筋焊接及验收规程》(JGJ 18);
4	路基填筑质量检验评定	《公路桥涵施工技术规范》(JTJ 041—2000)

二、检测方法

1. 压实度、现场承载比 CBR 试验质量检测(同任务 1.2)

2. 弯沉指标检测(同后面任务 3.2)

三、路基工程质量评定

路基、路面是道路的基本构造物。路基工程包括路基本体、排水构造物和防护支挡工程三大部分,它们组成一个整体才能具有相应的功能。本学习任务主要介绍这三部分的施工质量检查项目、评定标准(规定值或允许偏差)、检查方法、频率和规定分值,路基工程质量基本要求和外观鉴定。本学习任务内容的主要依据是现行部颁《公路工程质量检验评定标准(土建工程)》(JTG F80/1—2004),它既适用于公路工程质量监督部门对工程质量的检查鉴定和监理工程师对工程质量的检查认定,同时也适用于施工单位自检和分项工程的交接验收。

从道路结构物的修建来说,路基工程是一个先行工序,道路工程的质量评定与检测贯穿于工程的各个过程,而路基工程质量的评定与检测又是首先进行的,可以最先获得工程的质量信息,从而起到影响、保证整个道路工程质量的作用。

【路基工程质量评定方法】

1. 建设项目分级

为了控制和保证路基工程的质量,在路基工程设计施工过程中和完工后必须对工程的每一个项目和各工序进行检查和验收,正确反映其质量水平,评定其质量等级。根据建设任务、施工管理和质量检验评定的需要,应在施工准备阶段将建设项目划分为单位工程、分部工程和分项工程。施工单位、工程监理单位和建设单位应按相同的工程项目划分进行工程质量的监控和管理。

1)单位工程

在建设项目中,根据签订的合同,具有独立施工条件的工程为单位工程。就道路工程来说,路基工程就是单位工程。

2)分部工程

在单位工程中,应按结构部位、路段长度及施工特点或施工任务划分为若干个分部工程。由此,路基工程按结构部位可划分为路基本体、排水工程和防护支挡工程;按施工特点和施工对象、方法要求可划分为一般的土方、石方作业或人工砌筑工程;又可按任务或路段长度划分为一定长度段的工程。

3)分项工程

在分部工程中,应按不同的施工方法、材料、工序及路段长度等划分为若干个分项工程。由于划分的依据不同,因此,既可划分为填、挖方,或某一断面部位,又可按某种排水结构物划分。

表 1-3-2 为单位、分部及分项工程的划分。

单位、分部及分项工程的划分   表 1-3-2

单 位 工 程	分 部 工 程	分 项 工 程
路基工程(每 10km 或每标段)	路基土石方工程*[①](1～3km 路段)[②]	土方路基*,石方路基*,软土地基*,土工合成材料处治层*等
	排水工程(1～3km 路段)	管节预制,管道基础及管节安装*,检查(雨水)井砌筑*,土沟,浆砌排水沟*,盲沟,跌水,急流槽*,水簸箕,排水泵站等

单位工程	分部工程	分项工程
路基工程(每10km或每标段)	小桥及符合小桥标准的通道*,人行天桥,渡槽(每座)	基础及下部构造*,上部构造预制、安装或浇筑*,桥面*,栏杆,人行道等
	涵洞、通道(1~3km路段)	基础及下部构造*,主要构件预制、安装或浇筑*,填土,总体等
	砌筑防护工程(1~3km路段)	挡土墙*,墙背填土,抗滑桩*,锚喷防护*,锥、护坡,导流工程,石笼防护等
	大型挡土墙*,组合式挡土墙*(每处)	基础*,墙身*,墙背填土,构件预制*,构件安装*,筋带、锚杆、拉杆,总体*等
路面工程(每10km或每标段)	路面工程(1~3km路段)*	底基层,基层*,面层*,垫层,联结层,路缘石,人行道,路肩,路面边缘排水系统等

注:①表内标注 * 号者为主要工程,评分时给以 2 的权值;不带 * 号者为一般工程,权值为1。

②按路段长度划分的分部工程、高速公路、一级公路宜取低值,二级及二级以下工程可取高值。

2. 工程质量评分方法

公路工程质量检验评定以分项工程为评定单元,采用 100 分制进行。在分项工程评分的基础上,逐级计算各相应分部工程、单位工程、合同段和建设项目评分值。工程质量评定等级分为合格与不合格,应按分项、分部、单位工程、合同段和建设项目逐级评定。

施工单位应对各分项工程按《公路工程质量检验评定标准(土建工程)》(JTG F80/1—2004)(以下简称《标准》)所列基本要求、实测项目和外观鉴定进行自检,按"分项工程质量检验评定表"及相关施工技术规范提交真实、完整的自检资料,对工程质量进行自我评定。工程监理单位应按规定要求对工程质量进行独立抽检,对施工单位检评资料进行签认,对工程质量进行评定。建设单位根据对工程质量的检查及平时掌握的情况,对工程监理单位所作的工程质量评分等级进行审定。质量监督部门、质量检测机构可依据《标准》对公路工程质量进行检测评定。

1)分项工程质量评分

分项工程质量检验内容包括基本要求、实测项目、外观鉴定和质量保证资料四个部分。只有在其使用的原材料、半成品、成品及施工工艺符合基本要求的规定,且无严重外观缺陷和质量保证资料真实并基本齐全时,才能对分项工程质量进行检验评定。

涉及结构安全和使用功能的重要实测项目为关键项目(在文中以"△"标识),其合格率不得低于90%(属于工厂加工制造的桥梁金属构件不低于95%,机电工程为100%),且检测值不得超过规定极值,否则必须进行返工处理。

实测项目的规定极值是指任一单个检测值都不能突破的极限值,不符合要求时该实测项目为不合格。

对于关键项目的评定,不符合要求时则该分项工程评为不合格。

分项工程的评分值满分为 100 分,按实测项目采用加权平均法计算。存在外观缺陷或资料不全时,应予减分。

$$分项工程得分 = \frac{\sum[检查项目得分 \times 权值]}{\sum 检查项目权值}$$

分项工程评分值 = 分项工程得分 - 外观缺陷减分 - 资料不全减分

(1)基本要求检查。分项工程所列基本要求,对施工质量优劣具有关键作用,应按基本要求对工程进行认真检查。经检查不符合基本要求规定时,不得进行工程质量的检验和评定。

（2）实测项目计分。对规定检查项目采用现场抽样方法，按照规定频率和下列计分方法对分项工程的施工质量直接进行检测计分。

检查项目除按数理统计方法评定的项目以外，均应按单点（组）测定值是否符合标准要求进行评定，并按合格率计分。

$$检查项目合格率 = \frac{检查合格的点（组）数}{该检查项目的全部检查点（组）数} \times 100\%$$

$$检查项目得分 = 检查项目合格率 \times 100$$

（3）外观缺陷减分。对工程外表状况应逐项进行全面检查，如发现外观缺陷，应进行减分。对于较严重的外观缺陷，施工单位须采取措施进行整修处理。

（4）资料不全减分。分项工程的施工资料和图表残缺，缺乏最基本的数据，或有伪造涂改者，不予检查和评定。资料不全者应予减分，减分幅度可按照下述质量保证资料所列各项逐款检查，视资料不全情况，每款减 1~3 分。

2）分部工程和单位工程质量评分

表 1-3-2 所列分项工程和分部工程区分为一般工程和主要（主体）工程，分别给以 1 和 2 的权值。进行分部工程和单位工程评分时，采用加权平均值计算法确定相应的评分值。

$$分部（单位）工程评分值 = \frac{\sum[分项（分部）工程评分值 \times 相应权值]}{\sum 分项（分部）工程权值} \times 100\%$$

3）合同段和建设项目工程质量评分

合同段和建设项目工程质量评分值按《公路工程竣（交）工验收办法》计算。

4）质量保证资料

施工单位应有完整的施工原始记录、试验数据、分项工程自查数据等质量保证资料，并进行整理分析，负责提交齐全、真实和系统的施工资料和图表。工程监理单位负责提交齐全、真实和系统的监理资料。质量保证资料应包括以下六个方面：

（1）所用原材料、半成品和成品质量检验结果；

（2）材料配比、拌和加工控制检验和试验数据；

（3）地基处理、隐蔽工程施工记录和大桥、隧道施工监控资料；

（4）各项质量控制指标的试验记录和质量检验汇总图表；

（5）施工过程中遇到的非正常情况记录及其对工程质量影响分析；

（6）施工过程中如发生质量事故，经处理补救后，达到设计要求的认可证明文件。

3. 工程质量等级评定

1）分项工程质量等级评定

分项工程评分值不小于 75 分者为合格，小于 75 分者为不合格；机电工程、属于工厂加工制造的桥梁金属构件不小于 90 分者为合格，小于 90 分者为不合格。

评定为不合格的分项工程，经加固、补强或返工、调测，满足设计要求后，可以重新评定其质量等级，但计算分部工程评分值时按其复评分值的 90% 计算。

2）分部工程质量等级评定

所属各分项工程全部合格，则该分部工程评为合格；所属任一分项工程不合格，则该分部工程为不合格。

3）单位工程质量等级评定

所属各分部工程全部合格，则该单位工程评为合格；所属任一分部工程不合格，则该单位工程为不合格。

4)合同段和建设项目质量等级评定

合同段和建设项目所含单位工程全部合格,其工程质量等级为合格;所属任一单位工程不合格,则合同段和建设项目为不合格。

【路基工程质量评定与检测特点】

路基工程作为整个道路工程的基础,通常是最先设计、施工和竣工的,评定与检测也是最先进行的。所以,路基工程的评定与检测具有实践上的先行性,并且对整个质检工作有直接的影响。

由于受地形、地质条件所限,修筑路基的岩土材料可能来源不同。因此,路基在长度方向,或者在不同层位,有的还可能在不同断面部位采用不同的填料。这样,其质量特性往往表现为不均匀性,有较大的差异,质量评定与检测应十分重视数理统计的方法。

由于路基工程受到自然条件的直接影响,而且由于施工期较长,这一影响要持续较长时间并具有多变的特点,如果经历干燥、潮湿的季节,有的还可能受到冰冻的影响。因此,其质量的评定与检测需要考虑这一影响,有的数据还应作出季节影响的修正。

作为基础工程,路基修筑完后,要在其上铺筑路面结构层。因此,该项工程具有隐蔽性,它的质量对后续工程具有保证意义。必须重视其工程质量,做好各项质量评定与检测的记录。

综上所述,路基工程包括路基本体、排水、防护支挡结构三个部分,因此,结构物具有多样性,其质量特性的评定与检测有很大差异。例如,结构物的种类、几何尺寸,质量基本要求和检测项目都可能不同,质量评定与检测的手段和方法也不尽一致。

【路基工程质量评定与检测内容】

(1)材料的评定与检测。路基填料土、砂石的种类、状态,砌筑工程的石料、砂浆的强度等级和各种技术要求都要进行评定与检测。

(2)一般工程的评定与检测。包括路基、排水、防护支挡结构的评定与检测。其中要特别注意诸如基底处理、地下排水、地基基础等结构工程。这些结构物的质量关系到工程整体的质量,而且一旦完工却又掩埋于下面,除了严格检查以外,还应对施工材料、过程,施工中出现的问题和采取的措施详细记录。

(3)原始记录。其中有材料品种、规格、数量、产地以及各种试验报告等各种记录。施工过程中,应有准备工作、地基处理、填(砌)筑过程和整修作业的相应记录。此外,还应有技术处理和变更设计等各种报告材料。

【路基工程质量评定与检测步骤】

工程质量的具体评定与检测,应按如下顺序进行:

1. 基本要求的检查

路基工程的施工,对不同结构物提出了相应的材料要求、施工方法和填筑、砌筑质量要求。材料是构成结构物的基本元素,必须符合工程的要求。不同的结构物有不同的施工方法,只有遵守施工规程才能修筑出符合质量要求的工程。

2. 工程项目实测检查

实测检查是对路基工程的规定检查项目进行的,项目包括结构的几何尺寸、密实度、强度和表面状况等。一般情况下,相应的技术标准都提出了数量上的要求。检查按规定的频率,现场抽样进行。

3. 外观鉴定

路基路面工程各结构物的外观形状是有一定要求的,它构成了整个道路的轮廓即路容。

外观鉴定有的有尺寸的要求,有的则按目力评定与检测。

【路基工程质量检查项目与评定】

1. 一般规定

土方路基和石方路基的实测项目技术指标的规定值或允许偏差按高速公路、一级公路和其他公路(指二级及以下公路)两档设定,其中土方路基压实度按高速公路和一级公路、二级公路、三级公路和四级公路三档设定。

本节规定的实测项目的检查频率,如果检查路段以延米计时,则为双车道公路每一检查段内的最低检查频率;多车道公路必须按车道数与双车道之比,相应增加检查数量。

路基压实度须分层检测,并符合相关的路基、路面压实度评定的规定。路基其他检查项目均在路基顶面进行检查测定。

路肩工程可作为路面工程的一个分项工程进行检查评定。

服务区停车场、收费广场的土方工程压实标准可按土方路基要求进行监控。

2. 土方路基

1)基本要求

在路基用地和取土坑范围内,应清除地表植被、杂物、积水、淤泥和表土,处理坑塘,并按规范和设计要求对基底进行压实。

路基填料,应符合规范和设计的规定,经认真调查、试验后合理选用。

填方路基须分层填筑压实,每层表面平整,路拱合适,排水良好。

施工临时排水系统,应与设计排水系统结合,避免冲刷边坡,勿使路基附近积水。

在设定取土区内合理取土,不得滥开滥挖。完工后应按要求对取土坑和弃土场进行修整,保持合理的几何外形。

2)外观鉴定

路基表面平整,边线直顺,曲线圆滑。不符合要求时,单向累计长度每50m减1~2分。

路基边坡坡面平顺、稳定,不得亏坡,曲线要圆滑。不符合要求时,单项累计长度每50m减1~2分。

取土坑、弃土堆、护坡道、碎落台的位置适当、外形整齐、美观,防止水土流失。不符合要求时,每处减1~2分。

3. 石方路基

1)基本要求

石方路堑的开挖宜采用光面爆破法。爆破后应及时清理险石、松石,确保边坡安全、稳定。

修筑填石路堤时,应进行地表清理,逐层水平填筑石块,摆放平稳,码砌边部。填筑层厚度及石块尺寸应符合设计和施工规范规定。填石空隙用石渣、石屑嵌压稳定。上、下路床填料和石料最大尺寸应符合规范规定。采用振动压路机分层碾压,压至填筑层顶面石块稳定,20t以上压路机振压两遍无明显高程差异。

路基表面应整修平整。

2)外观鉴定

上边坡不得有松石。不符合要求时,每处减1~2分。

路基边线直顺,曲线圆滑。不符合要求时,单向累计长度每50m减1~2分。

【路基质量检验评定表】

路基质量检验评定表如表1-3-3、表1-3-4。

表 1-3-3

土方路基质量检验评定表

项目名称：　　　　　　工程合同段：　　　　　　（子）分项工程名称：　　　　　　工程部位：

施工单位：　　　　　　　　　　　　　　　　　监理单位：　　　　　　　　　　　　使用者类别：

基本要求：1.在路基用地和取土坑范围内，应清除地表植被、杂物、积水、淤泥和表土，处理坑塘，并按规定和设计要求对基底进行压实；2.路基填料应符合规范和设计的规定，经认真调查、试验后合理选用；3.填方路基须分层填筑压实，每层表面须平整，路拱合适，排水良好；4.施工临时排水系统应与设计排水系统结合，避免冲刷边坡，勿使路基附近积水；5.在设定取土区内合理取土，不得滥开滥挖。完工后应按要求对取土坑和弃土场进行修整，保持合理的几向外形

项次	检查项目		规定值或允许偏差（高速公路）	检查方法和频率	权值	检查实测值	平均值代表值	合格率（%）	得分
1△	压实度（%）	零填及挖方 0~0.30（m）	≥96	按附录 B 检查；密度法：每 1000 ㎡ 每压实层测 2 处	3				
		0.30~0.80（m）	≥96						
		填方（m） 0~0.80	≥96						
		0.80~1.50	≥94						
		>1.50	≥93						
2△	弯沉（0.01mm）		不大于设计值	按附录 I 检查	3				
3	纵断高程（mm）		+10，-15	水准仪：每 200m 测 4 个断面	2				
4	中线偏位（mm）		50	经纬仪：每 200m 测 4 点，弯道加 HY，YH 两点	2				
5	宽度（mm）		不小于设计值	米尺：每 200m 测 4 处	2				
6	平整度（mm）		≤15	3m 直尺：每 200m 测 2 处×10 尺	2				
7	横坡（%）		±0.3	水准仪：每 200m 测 4 个断面	1				
8	边沟坡度		不陡于设计坡度	尺量：每 200m 测 4 处	1				
9	（子）分项工程得分								
10	外观鉴定		表面平整，边线直顺，曲线圆滑。不符合要求时，每 50m 减 1~2 分	计长度每 50m 减，单向累					

项次	检查项目	规定值或允许偏差（高速公路）	权值	检查实测值	平均值代表值	合格率（%）	得分
10	外观鉴定	边坡坡面平顺，稳定，曲线圆滑。不符合要求时，单向累计长度每50m减1~2分。取土坑，弃土堆，护坡道，碎落台位置适当，外形整齐，美观。不符合要求时，每处减1~2分	检查结果				
11	质量保证资料	施工资料和图表必须齐全，不缺无最基础数据，不得伪造涂改。不符合要求时，不予检查和评定。资料不全者，视情况每款减1~3分					
12	(子)分项工程评分值						
13	质量等级						

注：表中"附录B、附录I"均指《公路工程质量检验评定标准（土建工程）》（JTG F80/1—2004）中的附录。

项目名称：　　　　　　　　　　　　　　　　　　(子)分项工程名称：　　　　　　　　　工程部位：
施工单位：　　　　　　　　　　　　　　　　　　工程合同段：　　　　　　　　　　　　使用者类别：
监理工程师：　　　　　　　　　　　　日期：　　　监理单位：
　　　　　　检测人：　　　　　　　　日期：　　　承包人：　　　　　　　　　日期：

石方路基质量检验评定表

表1-3-4

项次	检查项目	规定值或允许偏差	检查方法和频率	权值	检查实测值	平均值代表值	合格率（%）	得分
基本要求		1.石方路堑的开挖宜采用光面爆破法，爆破后应及时清理险石、松石，确保坡边安全稳定。2.修筑填方石路堤时，应进行地表清理。修筑填石路堤时，逐层水平填筑石块，摆放平稳，码砌边部。填筑层厚度及石块尺寸应符合设计和施工规范规定，填空隙用石渣、石屑嵌压稳定。上、下路床填料和石料最大尺寸应符合规范规定。采用振动压路机分层碾压，压至填筑层顶面两端无高差。3.路基表面应修整平整。20t以上压路机碾压稳定，压至填筑层顶面石块表面无明显高程差异。						
1	压实度	沉降差：采用25t振动压路机碾压两边的压沉量<5mm，且均方差<3mm	水准仪：每40m检测1个断面，每个断面应检测5~9点	3				

项次	检查项目		规定值或允许偏差	检查方法和频率	权值	检查实测值	平均值代表值	合格率（%）	得分
2	纵断高程（mm）		+10，-20	水准仪：每200m测4断面	2				
3	中线偏位（mm）		50	经纬仪：每200m测4点，弯道加HY、YH两点	2				
4	宽度（mm）		不小于设计值	米尺：每200m测4处	2				
5	平整度（mm）		20	3m直尺：每200m测4处×10尺	2				
6	横坡（%）		±0.3	水准仪：每200m测4断面	1				
7	边坡	坡度	不陡于设计值	每200m抽查4处	1				
		平顺度	符合设计要求						
8	（子）分项工程得分								
9	外观鉴定		上边坡不得有松石。不符合要求时，每处减1~2分 路基边线直顺，曲线圆滑。不符合要求时，单向累计每50m减1~2分	检查结果					
10	质量保证资料		施工资料和图表必须齐全，不缺乏最基本数据，不得伪造涂改。不符合要求时，不予检查和评定。资料不全者，视情况每款减1~3分						
11	（子）分项工程评分值								
12	质量等级								

监理工程师：　　　　　日期：　　　　　检测人：　　　　　检验人：　　　　　日期：　　　　　承包人：　　　　　日期：

1.3.4 实 训 项 目

（1）路基压实度试验检测。
（2）路基弯沉试验检测。
（3）现场 CBR 值试验检测。
（4）填写路基填筑质量检验评定表。

1.3.5 小　　结

考虑建设任务、施工管理和质量控制需要,建设项目划分为单位工程、分部工程、分项工程三级。单位工程分为路基工程、路面工程、桥梁工程(大、中桥)、互通立交工程、隧道工程和交通安全设施六类。在单位工程中,按结构部位、路段长度及施工特点或施工任务划分若干个分部工程。

在分部工程中,按不同的施工方法、材料、工序及路段长度等划分若干个分项工程。

施工单位应按此种工程划分进行质量自检和资料汇总,质量监督部门按照此种工程划分逐级进行工程质量等级评定。

路基工程包括路基本体、排水构造物和防护支挡工程三大部分。每一部分检测与评定都应按一般要求、实测项目、外观鉴定这三项进行。

复习思考题

1. 建设项目工程质量等级是如何评定的?
2. 土方路基、石方路基施工质量检查项目有何不同?
3. 分项工程质量检验中为什么要首先检查是否满足基本要求?

路面基层、底基层材料检测与质量评定

情境导入

路面基层、底基层是主要承重层,是路面结构的主要部分,因此,它必须具有足够的强度、刚度和稳定性,为满足这些要求,切实保证路面基层、底基层的施工质量,对路面基层、底基层材料技术性能的检测显得尤为重要。

在进场前,应该合理地选择路基填料。填料来源具有多样性,例如,直接利用挖方、挖方土质改良、就近借土(石)、工业废渣等。路基不同的压实分区、填料来源的不同,导致同一填方断面或同一填方段路堤可能采用一种或几种填料。路堤填筑前应对照设计文件,现场调查填料,初拟路堤填料的类型、来源地点、可供开采的数量、运输距离与条件、上路桩号,并对填料进行系列试验,以判断填料的可用性。

学习目标

【知识目标】 完成本学习情境的学习,学生能够熟悉路面基层、底基层工程的施工工艺;熟悉各项检测任务的目的和检测方法、步骤以及试验的原理;熟悉各种检测仪器的性能;熟悉与所检测项目相关的技术标准、技术规范和技术规程;能用定量的方法科学地评定路面基层、底基层的质量。

【能力目标】 学生能够熟练掌握路面基层、底基层工程在施工准备阶段、施工阶段、竣工验收阶段质量检验评定的工作过程,明确路面基层、底基层工程在各阶段中所要进行的各种检测项目,能熟练操作各种检测仪器进行试验;正确如实地填写原始记录;能够运用数理统计方面的知识对检测结果进行数据处理及评定。

任务2.1　路面基层、底基层施工准备阶段的检测

2.1.1　任务导入

【情境设计】　试验检测是保证路面基层和底基层工程质量的重要手段。路面基层和底基层工程在施工准备阶段的试验检测任务有哪些内容呢？如何进行路基工程在施工准备阶段的试验检测呢？让我们来学一学吧。

2.1.2　任务目的

路面基层、底基层工程在施工准备阶段主要对原材料进行各种室内检测，避免不合格的材料用于工程，并科学地评定材料的质量，为开工做好前期准备工作，以判断填料的可用性。

2.1.3　任务实施

一、检测项目

施工准备阶段主要对原材料及各种配合比进行试验检测，避免不合格的材料用于工程，为开工做好前期准备工作。路面基层和底基层施工准备阶段需检测的项目见表2-1-1。

路面基层和底基层施工准备阶段需检测的项目　　　　表2-1-1

序　号	检测项目	采用规程（标准）
1	活性氧化钙、氧化镁含量测定	《公路工程质量检验评定标准（土建工程）》（JTG F80/1—2004）；《公路桥涵施工技术规范》（JTJ 041—2000）
2	水泥或石灰稳定土中石灰水泥剂量测定	
3	无机结合料稳定类材料的含水率测定	
4	无机结合料稳定类材料的击实测定	
5	无机结合料稳定类材料的无侧限抗压强度测定	

二、检测方法

检测项目 1　活性氧化钙、氧化镁含量测定

测试原理与标准：石灰的质量（活性）主要取决于活性 CaO 与 MgO 的含量。它们的含量

越高,则石灰黏结性越好。

测定原理:利用活性氧化钙能与蔗糖化合成在水中溶解度较大的蔗糖钙,而其他钙盐则不与蔗糖作用的条件,用已知浓度的盐酸对石灰进行滴定(用酚酞指示剂),根据达到终点时盐酸的消耗量,可计算出活性 CaO 的含量,称为中和法。

氧化镁与蔗糖作用反应缓慢,测定时间长,故此法测定的含量实际上以氧化钙为主。若要测定 MgO 的含量,可采用 EDTA 综合滴定法。先测定钙、镁总量,然后测定出钙含量,再计算镁含量。

在石灰土中,在同种剂量下石灰的等级越高,其效果越好。石灰的细度越大,比表面积越大,稳定效果越好。因此,一般石灰应达到三等以上标准。

【检测方法】

1. 仪器准备

(1)标准筛:筛孔径 1mm 和 0.15mm 各 1 个;

(2)称量瓶:直径 3cm,容积 20mL;

(3)分析天平:称量 100g,感量 0.001g;

(4)烘箱:恒温 105~110℃;

(5)锥形瓶:容量 250mL 共 2 个;

(6)滴定管:容量 25mL 或 50mL 酸式管 1 支;

(7)滴定架;

(8)干燥器:直径 25cm;

(9)玻璃珠若干;

(10)盐酸(化学纯),配制成浓度为 0.5mol/L 的盐酸溶液;

(11)蔗糖(化学纯);

(12)指示剂:1% 酚酞酒精溶液。

2. 试样准备

(1)将石灰试样粉碎,通过 1mm 筛孔,用四分法缩分为 200g,再用研体磨细通过 0.15mm 筛孔,用四分法缩分为 10g 左右。

(2)将试样在 105~110℃的烘箱中烘干 1h,然后移于干燥器中冷却。

(3)标定盐酸浓度:取 4mL 盐酸用蒸馏水稀释至 1L,在分析天平上用减量法称取无水碳酸钠约 0.2~0.3g,在锥形瓶中用蒸馏水加热溶解,冷却后滴入甲基橙指示剂两滴,此时溶液呈黄色。将配好的 HCl 溶液盛于滴定管中,进行滴定,直至锥形瓶中溶液由黄色刚转变为橙色为止。记录盐酸耗量(mL),按式(2-1-1)计算 HCl 溶液的准确浓度。

$$N_{HCL} = m/0.053V_{HCL} \tag{2-1-1}$$

式中:m——无水碳酸钠的质量,g;

V_{HCL}——滴定完成时盐酸的耗量,mL;

3. 试验步骤

(1)将称量瓶用减量法称取试样 0.8~1.0g(准确至 1mg)置于锥形瓶中,迅速加入蔗糖约5 克盖于试样表面(以减少试样与空气的接触),同时加入玻璃珠约 10 粒。接着加入新煮沸并且冷却的蒸馏水 50mL,立即加盖瓶塞,并强烈摇荡 15min(注意时间不宜过短)。若试样结块或出现黏于瓶壁的现象,则应重新取样。

(2)摇荡后开启瓶塞,加入酚酞指示剂 2~3 滴,溶液即呈现粉红色,然后置于滴定架上,用盐酸标准溶液滴定。

（3）滴定时,应先读出滴定管初读数,然后以 2~3 滴/s 的速度滴定,直至粉红色消失。如仍出现红色,应再加满盐酸以中和,滴到颜色完全消失之后 5min 内不再出现红色为宜。

（4）读出中和后盐酸消耗的滴定管读数,减去初读数,即为实际消耗的盐酸数量(mL)。

（5）活性氧化钙与氧化镁含量的计算。

①活性 CaO + MgO 的含量按式(2-1-2)计算。

$$CaO 的含量 = \frac{0.028NV}{G} \times 100\% \qquad (2-1-2)$$

式中:V——滴定用盐酸量,mL;

N——盐酸标准溶液的浓度;

0.028——消耗 1mL 盐酸溶液所中和的氧化钙的克数,g;

G——试样质量,g。

②消石灰或石灰浆所含 CaO + MgO 的质量百分率按式(2-1-3)计算。

$$x = \frac{0.028NV}{G(1-w)} \times 100\% \qquad (2-1-3)$$

式中:w——消石灰或石灰浆的含水率,以小数计;

其他符号意义同前。

检测项目 2 水泥或石灰稳定土中石灰、水泥剂量的测定

无机结合料稳定土是整体性半刚性材料,它具有强度高、板体性能好的独有特性,广泛地被用做路面承重层基层,尤其是石灰稳定土。而稳定土的效果,即强度形成有许多影响因素,其中无机结合料(石灰、水泥)的剂量起着决定性的作用。石灰剂量较低(3%~4%)时,石灰主要起稳定作用,土的塑性、膨胀、吸水量减小,使土的密实度、强度得到改善。随着剂量的增加,强度和稳定性提高,但剂量超过一定范围时,强度反而降低。生产中常用的最佳剂量范围,对于黏性土及粉性土为 8%~14%;对砂性土则为 9%~16%。剂量的确定应根据结构层技术要求进行混合料组成设计。

水泥稳定土的强度随水泥剂量的增加而增长,不存在最佳剂量。但过多的水泥用量,虽获得强度的增加,经济上却不一定合理,且容易开裂。试验和研究证明,水泥剂量为 4%~8% 较为合理。

稳定土无机结合料剂量的测定方法,常用的有 EDTA 滴定法、钙电极快速测定法两种。前者适用于工地快速测定稳定土的无机结合料的剂量,并可检查拌和的均匀性。后者,适用于测定新拌石灰土和水泥土的结合料剂量。

【检测方法】 EDTA 滴定法

本试验方法适用于在工地快速测定水泥和石灰稳定土中水泥和石灰的剂量,并可以检查拌和的均匀性。用于稳定的土可以是细粒土也可以是中粒土和粗粒土。本方法不受水泥和石灰龄期(7d 以内)的影响。工地水泥和石灰稳定土含水率的少量变化(2% 以内),实际上不影响测定结果。

用本方法进行一次剂量测定,只需 10min。本方法也可以用来测定水泥和石灰综合稳定土中的结合料的剂量。

1. 仪器准备

（1）滴定管(酸式)50mL,1 支;

(2)滴定台,1个;

(3)滴定管夹,1个;

(4)大肚移液管:10mL,10支;

(5)锥形瓶(即三角瓶):200mL,20支;

(6)烧杯:200mL或100mL,1只;300mL,10只;

(7)容量瓶:100mL,1个;

(8)搪瓷杯:容量大于1 200mL,10只;

(9)不锈钢棒(或粗玻璃棒):10根;

(10)量筒:100mL和5mL,各1只;50mL,2只;

(11)棕色广口瓶:60mL,1只;

(12)托盘天平:称量500g、感量0.5g和称量100g、感量0.1g,各一个;

(13)秒表:1只;

(14)表面皿:ϕ9cm,10个;

(15)研钵:ϕ12~13cm,1个;

(16)土样筛:筛孔2.0mm或2.5mm,1个;

(17)洗耳球:(1两或2两),1个;

(18)精密试纸:pH12~14;

(19)聚乙烯桶:20L,1个(装蒸馏水);10L,2个(装氯化氨及EDTA二钠标准液);5L,1个(装氢氧化钠);

(20)其他:毛刷、去污粉、吸水管、塑料勺、特种铅笔、厘米纸、洗瓶(塑料)。

2. 试样准备

1)试剂的配制

(1)0.1mol/m³乙二胺四乙酸二钠(简称EDTA二钠)标准液:准确称取EDTA二钠(分析纯)37.226g,用微热的无二氧化碳蒸馏水溶解,待全部溶解并冷却至室温后,定容至1 000mL。

(2)10%氯化铵(NH_4Cl)溶液:将500g氯化铵(分析纯或化学纯)放在10L的聚乙烯筒内。加蒸馏水4 500mL,充分震荡,使氯化铵完全溶解。也可以分批在1 000mL的烧杯中配置,然后倒入塑料桶内摇匀。

(3)1.8%氢氧化钠(内含三乙醇胺)溶液:用100g架盘天平称取18g氢氧化钠(NaOH)分析纯,放入洁净干燥的1 000mL烧杯中,加1 000mL蒸馏水使其完全溶解,待溶液冷至室温后,加入2mL三乙醇胺(分析纯),搅拌均匀后储于塑料桶中。

(4)钙红指示剂:将0.2g钙试剂羟酸钠(分子量460.3g)与20g预先在105℃烘箱中烘1h的硫酸钾混和,一起放入研钵中,研成极细粉末,储于棕色的广口瓶中,以防吸潮。

2)准备标准曲线

(1)取样。取工地用石灰和集料,风干分别过2.0mm或2.5mm筛,用烘干法或酒精法测其含水率(如为水泥可假定其水率为0)。

(2)混合料组成计算。

①干料质量=湿料质量/(1+含水率)。

②干混合料质量=300g/(1+最佳含水率)。

③干土质量=干混合料质量/[1+石灰(或水泥)剂量]。

④干石灰(或水泥)质量 = 干混合料质量 – 干土质量。

⑤湿土质量 = 干土质量×(1 + 土的风干含水率)。

⑥湿石灰质量 = 干石灰质量×(1 + 石灰的风干含水率)。

⑦石灰土中应加入的水 = 300g – 湿土质量 – 湿石灰质量。

(3)准备五种试样,每种两个样品(以水泥集料为例)。

第1种:称两份300g集料(细粒土可为100g),分别放在两个搪瓷盘中,含水率达到工地预期的最佳含水率。加的水与工地的用水相同。

第2种:准备两份300g水泥剂量为2%的水泥土混合料,分别放在两个搪瓷杯中,含水率达到工地预期的最佳含水率。

第3种、第4种、第5种:各准备两份水泥剂量分别为4%、6%、8%的水泥土混合料,每份均重300g,分别放在6个搪瓷杯中,其他要求同第1种。

(4)向一个装有试样的搪瓷杯中加入600mL 10%氯化铵溶液(试样为100g时,需200mL 10%氯化铵溶液)。用不锈钢搅拌棒充分搅拌3min,每分钟搅拌110～120次,细粒土可用具塞三角瓶,手握三角瓶(瓶口向上)震荡3min,每分钟120次±5次。放置沉淀4min,如4min后得到的是混浊悬浮液,应增加放置时间,直到出现澄清悬浮液为止。记录所需时间,以后所有该种水泥或石灰土混合料的试验,均以这个时间为准。将上部清液转移到300mL烧杯中,搅匀,加盖表面皿待测。

(5)用移液管吸取液面下1～2cm悬浮液10.0mL放入200mL的三角瓶中,用量筒量取50mL 1.8%氢氧化钠(内含三乙醇胺)溶液倒入三角瓶中,此时溶液的pH值为12.5～13.0,再加入黄豆大小的钙红指示剂,摇匀,溶液呈玫瑰红色。用EDTA二钠标准液滴定到纯蓝色为终点,记录EDTA二钠的消耗量(读到0.1mL)。

(6)对其他几个搪瓷杯中的试样,用同样方法进行试验,并记录各自的EDTA二钠的消耗量。

(7)以同一水泥或石灰剂量混合料消耗EDTA二钠毫升数的平均值为纵坐标,以水泥或石灰剂量(%)为横坐标制图。如素集料、水泥或石灰改变,必须重作标准曲线。

3. 试验步骤

(1)选取有代表性的水泥或石灰土混合料,称30g放在搪瓷杯中,用搅拌棒将结块搅散,加600mL、10%氯化铵溶液,然后如前步骤那样进行试验。

(2)利用所绘制的标准曲线,根据所消耗的EDTA二钠毫升数,确定混合料中的水泥或石灰剂量。

4. 试验注意事项

(1)每个样品搅拌的时间、速度和方式应力求相同,以增加试验精度。

(2)做标准曲线时,如工地实际水泥剂量较大,素集料和低剂量水泥的试样可以不做而直接用较高的剂量做试验,但应有两种剂量大于实际剂量,以及两种剂量小于实际剂量。实际工作中应是工地实际使用的水泥和石灰剂量位于准备标准曲线时所用剂量中间。

(3)配制的氯化铵溶液最好当天用完,不要放置过久,以免影响试验的精度。

检测项目3　无机结合料稳定类材料的含水率试验

含水率对无机结合料稳定材料的强度有很大影响,当含水率过小时,其发生化学与物理化学作用不充分,不能保证土团得到最大限度的粉碎和均匀拌和,也不能保证达到最大压实度要求,因此,对于无机结合料稳定类结构层,均存在一个最佳含水率。因此,必须对含水率的试验方法有所了解。目前测定含水率的方法有:烘干法、砂浴法、酒精法等。

【检测方法1】 烘干法

本法是测定无机结合料稳定土含水率的标准方法。在 105~110℃ 的条件下烘干到恒重的稳定土称为干稳定土,湿稳定土和干稳定土的质量之差与干稳定土的质量之比的百分率称为稳定土的含水率。具体试验方法同任务 1.1 中含水率测试的烘干法。

值得注意的是测定无机结合料稳定土含水率需要将烘箱提前升温到 105~110℃,使放入的混合料一开始就能在 105~110℃ 的条件下烘干。这是因为水泥与水拌和就要发生水化作用,在较高温度下水化作用发生得较快。如需测含水率的水泥混合料放在原为室温的烘箱内,再启动烘箱升温,则在升温过程中水泥与水的水化作用发生得较快。而烘干法又不能除去已与水泥发生水化作用的水。这样得出的含水率往往偏小。

【检测方法2】 酒精法

本方法适用于在工地快速测定无机结合料稳定土的含水率。对于粗粒土,因为需要大量酒精,而且火大有危险,所以不宜使用本方法。如果土中含有大量黏土、石膏、石灰质或有机质,不能使用本方法。

具体试验方法同任务 1.1 中测试含水率的酒精法。

砂浴法、酒精法测定含水率的精度较差,但却是工地快速测定含水率的有效方法。

【检测方法3】 砂浴法

本方法适用于在工地快速测定无机结合料稳定土的含水率。当土中含有大量石膏、碳酸或有机质时,不应使用本方法。

1. 仪器准备

(1)对于稳定细粒土:

①铝盒,直径约 50mm,高 25~30mm。

②称量 100g 以上的天平三架,感量 0.1g。

③直径约 200mm、深至少 25mm 的砂浴 1 个,其中放有清洁的砂。也可以使用更大的砂浴,一次烘干几个试样。

④加热砂浴的设备 1 套。

⑤刀片长 100mm、宽 20mm 的调土刀 1 把。

(2)对于稳定中粒土:

①称量 500g 以上的天平 1 架,感量 0.5g。

②边长约 200mm、深约 50mm 的白铁皮方盘 1 个。

③能放入方盘的砂浴 1 个,砂深至少 25mm。

④加热砂浴的设备五套。

⑤刀片长 100mm、宽 20mm 的调土刀 1 把。

⑥长 200mm、宽 100mm 的长方盘 1 个。

(3)对于稳定粗粒土:

①称量 5 kg 以上的台秤 1 个,感量 5g。

②边长约 250mm、深 50~70mm 的白铁皮方盘 1 个。

③能放入方盘的砂浴 1 个,砂深至少 25mm。

④加热砂浴的设备三套。

⑤刀片长 200mm、宽 30mm 的调土刀 1 把。

⑥长 200mm、宽 100mm 的长方盘 1 个。

2. 试验步骤

(1)对于稳定细粒土,其步骤如下:

①铝盒应该是清洁干燥的,称其质量并精确到 0.1g(m_1)。至少取 30g 试样,经粉碎后松松地放在铝盒中,盖上盒盖,称其质量并精确到 0.01g(m_2)。

②取下盒盖,将盛有试样的铝盒放在正在加热的砂浴内,但需注意勿使砂浴温度太高。在加热过程中,应该经常用调土刀搅拌试样,以促使水分蒸发。

③当加热一段时间(通常 1h 足够)使试样干燥后,从砂浴中取出铝盒,盖上盒盖,并放置冷却。

④将铝盒和烘干试样称其质量并精确到 0.1g(m_3)。

(2)对于稳定中粒土和粗粒土,其步骤如下:

①方盘应该是清洁干燥的,称其质量并精确到 0.5g(m_1)。稳定中粒土的试样至少要 300g,稳定粗粒土的试样至少要 2 000g。将试样弄碎并均匀地撒布在方盘内。将有试样的方盘称量,对于稳定中粒土称量到 0.5g(m_2)。对于稳定粗粒土称量到 5g(m_2)。

②将方盘放在正在加热的砂浴内,应注意砂浴温度不要过高。在加热过程中,应该经常用调土刀搅拌试样,以促使水分蒸发。

③当加热一段时间(通常 1h 足够)后,从砂浴中取出方盘,并让其冷却。

④当方盘冷到可以用手拿时,立即称其质量,对于中粒土,准确到 0.5g(m_3);对于粗粒土,准确到 5g(m_3)。

(3)计算。用式(2-1-4)计算无机结合料稳定土的含水率(%)。

$$w = \frac{m_2 - m_1}{m_3 - m_1} \times 100\% \tag{2-1-4}$$

式中:m_1——铝盒或方盘的质量,g;

m_2——铝盒或方盘和湿稳定土的合计质量,g;

m_3——铝盒或方盘和干稳定土的合计质量,g。

3. 试验报告

无机结合料稳定土的含水率调整至 1%。

检测项目 4　无机结合料稳定类材料的击实试验

不同的无机结合料稳定土,在不同的无机结合料剂量、不同的含水率、不同的击实功下可以达到不同的密实度,在公路工程的施工质量控制过程中,要求在一定压实功的作用下达到最大的密实度。本试验法适用于在规定的试筒内,对水泥稳定土(在水泥水化前)、石灰稳定土及石灰(或水泥)粉煤灰稳定土进行击实试验,以绘制稳定土的含水率—干密度关系曲线,从而确定其最佳含水率和最大干密度。

【检测方法】

(1)试验集料的最大粒径宜控制在 25mm 以内,最大不得超过 40mm(圆孔筛)。

(2)试验方法类别。本试验方法分三类,各类试验方法的主要参数列于表 2-1-2。

1. 仪器准备

(1)击实筒:小型,内径 100mm、高 127mm 的金属圆筒,套环高 50mm,底座;中型,内径 152mm、高 170mm 的金属圆筒,套环高 50mm,直径 151mm 和高 50mm 的筒内垫块,底座。

（2）击锤和导管：击锤的底面直径 50mm，总质量 4.5kg，击锤在导管内的总行程为 450mm。

（3）天平：感量 0.01g。

（4）台秤：称量 15kg，感量 5g。

（5）圆孔筛：孔径 40mm、25mm 或 20mm 以及 5mm 的筛各 1 个。

（6）量筒：50mL、100mL 和 500mL 的量筒各 1 个。

（7）直刮刀：长 200～250mm、宽 30mm 和厚 3mm，一侧开口的直刮刀用以刮平和修饰大粒料试件的表面。

（8）刮土刀：长 150～200mm、宽约 20mm 的刮刀，用以刮平和修饰小试件的表面。

（9）工字形刮平尺：30mm×50mm×310mm，上下两面和侧面均刨平。

（10）拌和工具：约 400mm×600mm×70mm 的长方形金属盘，拌和用平头小铲等。

（11）脱模器。

（12）测定含水率用的铝盒、烘箱等其他用具。

试 验 方 法 类 别　　　　　　　　　表 2-1-2

类　别	锤的质量（kg）	捶击面直径（cm）	落高（cm）	试筒尺寸			捶击次数	每层捶击次数	平均单位击实功（J）	容许最大粒径（mm）
				内径（cm）	高（cm）	容积（cm³）				
甲	4.5	5.0	45	10	12.7	997	5	27	2.687	25
乙	4.5	5.0	45	15.2	12.7	2 177	5	59	2.687	25
丙	4.5	5.0	45	15.2	12.7	2 177	3	98	2.677	40

2. 试样准备

（1）将具有代表性的风干试料（必要时，也可以在 50℃烘箱内烘干）用木锤或木碾捣碎。土团均应捣碎到能通过 5mm 的筛孔，但应注意不使粒料的单个颗粒破碎或不使其破碎程度超过施工中拌和机械的破碎率。

（2）如试料是细粒土，将已捣碎的具有代表性的土过 5mm 筛备用（用甲法或乙法做试验）。

如试料中含有粒径大于 5mm 的颗粒，则先将试料过 25mm 的筛，如存留在筛孔 25mm 筛的颗粒的含量不超过 20%，则过筛料留作备用（用甲法或乙法做试验）。

如试料中粒径大于 25mm 的颗粒含量过多，则将试料过 40mm 的筛备用（用丙法试验）。

（3）每次筛分后，均应记录超尺寸颗粒的百分率。

在预定做击实试验的前一天，取有代表性的试料测定其风干含水率。对于细粒土，试样应不少于 100g；对于中粒土（粒径小于 25mm 的各种集料），试样应不少于 1 000g；对于粗粒土的各种集料，试样应不少于 2 000g。

3. 试验步骤

1）甲法

（1）将已筛分的试样用四分法逐次分小，至最后取出约 10～15kg 试料。再用四分法将已取出的试料分成 5～6 份，每份的干质量为 2.0kg（对于细粒土）或 2.5kg（对于各种中粒土）。

（2）预定5~6个不同含水率的试样，其含水率依次相差1%~2%，且其中至少有两个大于和两个小于最佳含水率。对于细粒土，可参照其塑限估计素土的最佳含水率。一般其最佳含水率较塑限约小3%~10%，对于砂性土接近3%，对于黏性土约为6%~10%。天然砂砾土、级配集料等的最佳含水率与集料中细土的含量和塑性指数有关，一般变化在5%~12%之间。对于细土少的、塑性指数为0的未筛分碎石，其最佳含水率接近5%。对于细土偏多的、塑性指数较大的砂砾土，其最佳含水率约在10%左右。水泥稳定土的最佳含水率与素土的接近，石灰稳定土的最佳含水率可能较素土大1%~3%。

（3）按预定含水率制备试样。将五份试料平铺于金属盘内，将事先计算得的该份试料中应加的水量均匀地喷洒在试料上，用小铲将试料充分拌和到均匀状态（如为石灰稳定土和水泥、石灰综合稳定土，可将石灰和试料一起拌匀），然后装入密闭容器或塑料口袋内浸润备用。浸润时间：黏性土12~24h，粉性土6~8h，砂性土、砂砾土、红土砂砾、级配砂砾等可以缩短到4h左右，含土很少的未筛分碎石、砂砾和砂可缩短到2h。

应加水量可按式（2-1-5）计算。

$$Q_w = \left(\frac{Q_n}{1+w_n} + \frac{Q_c}{1+w_c} \right) \times w - \frac{Q_n}{1+w_n} \times w_n - \frac{Q_c}{1+w_c} \times w_c \qquad (2\text{-}1\text{-}5)$$

式中：Q_w——混合料中应加的水量，g；

Q_n——混合料中素土（或集料）的质量（原始含水率为 w_n，即风干含水率），g；

Q_c——混合料中水泥或石灰的质量（原始含水率为 w_c），g；

w——要求达到的混合料的含水率，%。

（4）将所需要的稳定水泥加到浸润后的试料中，并用小铲、泥刀或其他工具充分拌和到均匀状态。加有水泥的试样拌和后，应在1h内完成下述击实试验，拌和后超过1h的试样，应予作废（石灰稳定土和石灰粉煤灰除外）。

（5）试筒套环与击实底板应紧密联结。将击实筒放在坚实地面上，取制备好的试样（仍用四分法）400~500g（其量应使击实后的试件等于或略高于筒高的1/5）倒入筒内，整平其表面并稍加压紧，然后按所需击数进行第一层试样的击实。击实时，击锤应自由铅直落下，落高应为45cm，锤迹必须均匀分布于试样面。第一层击实完后，检查该层高度是否合适，以便调整以后几层的试样用量。用刮土刀将已击实层的表面"拉毛"，然后重复上述做法，进行其余四层试样的击实。最后一层试样击实后，试样超出试筒顶的高度不得大于6mm，超出高度过大的试件应该作废。

（6）用刮土刀沿套环内壁削挖（使试样与套环脱离）后，扭动并取下套环。齐筒顶细心刮平试样，并拆除底板。如试样底面略突出筒外或有孔洞，则应细心刮平或修补。最后用工字形刮平尺齐筒顶和筒底将试样刮平。擦净试筒的外壁，称其质量并准确至5g。

（7）用脱模器推出筒内试样。在试样内部从上到下取两个有代表性的样品（可将脱出试件用锤打碎后，用四分法采取），测定其含水率，计算至0.1%。两个试样的含水率的差值不得大于1%。所取样品的数量见表2-1-3（如只取一个样品测定含水率，则样品的质量应为表列数值的两倍）。

烘箱的温度应事先调整到110℃左右，以使放入的试样能立即在105~110℃的温度下烘干。

（8）按第（3）~第（7）项的步骤进行其余含水率下稳定土的击实和测定工作。

凡已用过的试样,一律不再重复使用。

测定含水率样品的数量

表 2-1-3

最大粒径(mm)	样品质量(g)	最大粒径(mm)	样品质量(g)
2	约50g	25	约500g
5	约100g		

2)乙法

在缺乏内径 10cm 的试筒时,以及在需要与承载比等试验结合起来进行时,采用乙法进行击实试验。本法更适宜于粒径达 25mm 的集料。

(1)将已过筛的试料用四分法逐次分小,至最后取出约 33kg 试料,再用四分法将取出的试料分成 5~6 份。每份试料的干重约为 4.4kg(细粒土)或 5.5kg(中粒土)。

(2)以下各部的做法与甲法第(2)~第(8)项相同,但应该先将垫块放入筒内底板上,然后加料并击实。所不同的是,每层需取制备好的试样约 900g(对于水泥或石灰稳定细粒土)或 1 100g(对于稳定中粒土),每层的锤击次数为 59 次。

3)丙法

(1)将已过筛的试料用四分法逐次分小,至最后取出约 33kg 试料。再用四分法将取出的试料分成 6 份(至少要 5 份),每份重约 5.5kg(风干质量)。

(2)预定 5~6 个不同含水率的试样,其含水率依次相差 1%~2%。在估计的最佳含水率左右可只差 1%,其余差 2%。

(3)同甲法第(3)项。

(4)同甲法第(4)项。

(5)将试筒、套环与夯击底板紧密地联结在一起,并将垫块放在筒内底板上。击实筒应放在坚实(最好是水泥混凝土)地面上;取制备好的试样 1.8kg 左右[其量应使击实后的试样略高于(高出 1~2mm)筒高的 1/3]倒入筒内,整平其表面,并稍加压紧。然后按所需击数进行第一层试样的击实(共击 98 次)。击实时,击锤应自由铅直落下,落高应为 45cm,锤迹必须均匀分布于试样面。第 1 层击实完后检查该层的高度是否合适,以便调整以后两层的试样用量。用刮土刀或改锥将已击实的表面"拉毛",然后重复上述做法,进行其余两层试样的击实。最后一层试样击实后,试样超出试筒顶的高度不得大于 6mm。超出高度过大的试样应该作废。

(6)用刮土刀沿套环内壁削挖(使试样与套环脱离)后,扭动并取下套环。齐筒顶细心刮平试样,并拆除底板,取走垫块。擦净试筒的外壁,称重,准确至 5g。

(7)用脱模器推出筒内试样。在试样内部从上到下取两个有代表性的样品(可将脱出试件用锤打碎后,用四分法采取),测定其含水率,计算至 0.1%。两个试样的含水率的差值不得大于 1%。所取样品的数量应不少于 700g,如只取一个样品测定含水率,则样品的数量应不少于 1 400g。烘箱的温度应事先调整到 110℃ 左右,以使放入的试样能立即在 105~110℃ 的温度下烘干。

(8)按第(3)~第(7)项进行其余含水率下稳定土的击实试验和测定。凡已用过的试料,一律不再重复使用。

4.计算及绘图

(1)按式(2-1-6)计算每次击实后稳定土的湿密度。

$$\rho_{w} = \frac{Q_1 - Q_2}{V} \qquad\qquad (2\text{-}1\text{-}6)$$

式中：ρ_{w}——稳定土的湿密度，g/cm^3；

Q_1——试筒与湿试样的合质量，g；

Q_2——试筒的质量，g；

V——试筒的容积，cm^3。

（2）按式（2-1-7）计算每次击实后稳定土的干密度。

$$\rho_{d} = \frac{\rho_{w}}{1 + w} \qquad\qquad (2\text{-}1\text{-}7)$$

式中：ρ_{d}——土样的干密度，g/cm^3；

w——土样的含水率，%。

以干密度为纵坐标，以含水率为横坐标，在普通直角坐标纸上绘制干密度与含水率的关系曲线，驼峰形曲线顶点的纵横坐标分别为稳定土的最大干密度和最佳含水率。最大干密度用两位小数表示。如最佳含水率的值在 12% 以上，则用整数表示（即精确到 1%）；如最佳含水率的值在 6% ~ 12%，则用一位小数"0"或"5"表示（即精确到 0.5%）；如最佳含水率的值小于 6%，则取一位小数，并用偶数表示（即精确到 0.2%）。

如试验点不足以连成完整的驼峰形曲线，则应该进行补充试验。

（3）超尺寸颗粒的校正。当试样中大于规定最大粒径的超尺寸颗粒的含量为 5% ~ 30% 时，按式（2-1-8）和式（2-1-9）对试验所得最大干密度和最佳含水率进行校正（超尺寸颗粒的含量小于 5% 时，可以不进行校正）。

最大干密度按式（2-1-8）校正。

$$\rho'_{dm} = \rho_{dm}(1 - 0.01p) + 0.9 \times 0.01pG'_{a} \qquad\qquad (2\text{-}1\text{-}8)$$

式中：ρ'_{dm}——校正后的最大干密度，g/cm^3；

ρ_{dm}——试验所得的最大干密度，g/cm^3；

p——试样中超尺寸颗粒的百分率，%；

G'_{a}——超尺寸颗粒的毛体积相对密度。

计算精确至 0.01g/cm^3。

最佳含水率按式（2-1-9）校正。

$$w'_{0} = w_{0}(1 - 0.01p) + 0.01pw_{a} \qquad\qquad (2\text{-}1\text{-}9)$$

式中：w'_{0}——校正后的最佳含水率，%；

w_{0}——试验所得的最佳含水率，%；

p——试样中超尺寸颗粒的百分率，%；

w_{0}——超尺寸颗粒的吸水量，%。

5. 精密度或允许误差

应做两次平行试验，两次试验最大干密度的差不应超过 0.05g/cm^3（稳定细粒土）和 0.08 g/cm^3（稳定中粒土和粗粒土），最佳含水率的差不应超过 0.5%（最佳含水率小于 10%）和 1.0%（最佳含水率大于 10%）。

6.试验报告

报告应包括以下内容：

(1)试样的最大粒径、超尺寸颗粒的百分率；

(2)水泥的种类和强度等级或石灰中有效氧化钙和氧化镁的含量(%)；

(3)水泥和石灰的剂量(%)或石灰粉煤灰土(粒料)的配合比；

(4)所用试验方法类别；

(5)最大干密度(g/cm³)；

(6)最佳含水率(%)并附击实曲线。

2.1.4 实 训 项 目

(1)活性氧化钙、氧化镁含量试验检测。

(2)水泥或石灰稳定土中石灰及水泥剂量试验检测。

(3)无机结合料稳定类材料的含水率试验检测。

2.1.5 小 结

无机结合料稳定类材料强度的高低、稳定性的好坏直接影响公路的质量。公路工程中应用的无机结合料主要是石灰和水泥，其本身质量的好坏直接影响无机结合料的质量。本学习任务介绍了路面基层、底基层施工准备阶段的主要检测内容，使学生对路面基层、底基层工程施工准备阶段的检测有能够系统地掌握。

石灰中氧化钙与氧化镁的含量又是石灰等级划分的主要指标，本学习任务解决了氧化钙与氧化镁含量测定的问题，介绍了工地快速测定方法，即综合法。

无机结合料稳定类材料含水率的测定方法主要有烘干法、砂浴法、酒精燃烧法。烘干法是室内的标准试验方法，基本理论和基本方法与素土的含水率测试相同，只是提前将烘箱的温度升至105~110℃。

无机结合料稳定类材料击实试验与普通土的击实试验目的、试验原理和方法基本相同，试验标准不同。

无侧限抗压强度是评价无机结合料稳定类材料强度的关键指标之一，它的大小直接影响无机结合料稳定类材料的路用性能，它也是确定无机结合料稳定类材料配合比例的重要控制指标。

无机结合料的剂量又是无机结合料稳定类材料质量好坏的决定因素，本学习任务重点介绍了 EDTA 法测定无机结合料的剂量。

复习思考题

1.石灰中的氧化钙、氧化镁含量是如何测定的？

2.无机结合料稳定类材料中的石灰与水泥的含量是如何测定的？

3.无机结合料稳定类材料含水率的测定与普通土的含水率测定有何区别？

4.无机结合料稳定类材料击实试验与普通土的击实试验有何区别？

5.简述无机结合料稳定类材料无侧限抗压强度试验的意义与方法。

任务2.2 路面基层和底基层施工阶段的检测

2.2.1 任务导入

【情境设计】 路面基层和底基层工程在施工阶段的试验检测任务有哪些内容呢？如何进行路面基层和底基层工程在施工阶段的试验检测呢？让我们来学一学吧。

2.2.2 任务目的

路面基层、底基层工程在施工阶段的试验检测评定，主要是在施工阶段的现场试验检测，避免施工过程中质量不合格的产品流入下一道工序。只有保证施工过程中每一道工序的质量才能保证整个工程的质量。

通过路面基层、底基层工程在施工阶段的试验检测，使学生能够对路面基层和底基层工程施工过程涉及的现场检测项目进行检测评定，能够检测路面基层和底基层的承载力，并科学地评定路面基层的质量。

2.2.3 任务实施

一、检测项目

施工准备阶段主要对原材料及各种配合比进行试验检测，避免不合格的材料用于工程，为开工做好前期准备工作。路面基层和底基层施工准备阶段需检测的项目见表2-2-1。

路面基层和底基层施工准备阶段需检测的项目 表2-2-1

序 号	检 测 项 目	采用规程(标准)
1	水泥或石灰稳定土中石灰或水泥剂量测定	《公路工程质量检验评定标准(土建工程)》(JTG F80/1—2004)；《公路桥涵施工技术规范》(JTJ 041—2000)
2	厚度检测	
3	无机结合料稳定类材料的无侧限抗压强度测定	

二、检测方法

水泥或石灰稳定土中石灰或水泥剂量测定方法同任务2.1

检测项目 无机结合料稳定类材料的无侧限抗压强度测定

本试验方法适用于测定无机结合料稳定土(包括稳定细粒土、中料土和粗粒土)试件的无侧限抗压强度，从而可以对无机结合料稳定土的施工质量进行检测；还可以利用本试验进行无机结合料稳定土的组成设计。稳定土的抗压强度是稳定土混合料的主要技术指标，无论设计某种剂量的稳定土混合料(石灰稳定土或水泥稳定土)，均必须满足规范的要求。石灰稳定土抗压强度标准及水泥稳定土的无侧限抗压强度(7d)标准见表 2-2-2 及表 2-2-3。

石灰稳定细粒土的强度标准(7d 浸水抗压强度,MPa)　　　　　　表 2-2-2

公路等级 层次	高速公路	一级公路	二级公路	三、四级公路
基层	>0.8	>1.0	>0.8	>0.7
底基层	>0.8	0.5~0.8	0.5~0.8	>1.0

水泥稳定细粒土的强度标准(7d 浸水抗压强度,MPa)　　　　　　表 2-2-3

公路等级 层次	高速公路	一级公路	二级公路	三、四级公路
基层	3.0~4.0	2.5~3.0	2.0~2.5	1.5~2.0
底基层	>1.5	>1.5	>1.3	>1.0

【检测方法】

本试验方法包括按照预定干密度用静力压实法制备试件以及用锤击法制备试件。试件都是高∶直 = 1∶1 的圆柱体。应该尽可能用静力压实法制备等干密度的试件。

其他稳定材料或综合稳定土的抗压强度试验应参照本法。

1. 仪器准备

(1)圆孔筛:孔径 40mm、25mm(或 20mm)及 5mm 的筛各一个。

(2)试模,适用于下列不同土的试模尺寸如下所列。

细粒土(最大粒径不超过 10mm):试模的直径×高 = 50mm×50mm;

中粒土(最大粒径不超过 25mm):试模的直径×高 = 100mm×100mm;

粗粒土(最大粒径不超过 40mm):试模的直径×高 = 150mm×150mm。

(3)脱模器。

(4)反力框架:规格为 400kN 以上。

(5)液压千斤顶(200~1 000kN)。

(6)夯锤和导管。

(7)水槽:深度应大于试件高度 50mm。

(8)路面材料强度试验仪或其他合适的压力机。但后者的规格应不大于 200kN。

(9)密封湿气箱或温气池放在能保持恒温的小房间内。

(10)天平:感量 0.01g。

(11)台秤:称量 10kg,感量 5g。

(12)其他:量筒、拌和工具、漏斗、大小铝盒、烘箱等。

2. 试样准备

(1)将具有代表性的风干试料(必要时,也可以在 50℃烘箱内烘干),用木锤和木碾捣碎,但应避免破坏粒料的原粒径。将土过筛并进行分类。如试料为粗粒土,则除去大于 40mm 的颗粒备用,如试料为细粒土,则除去大于 10mm 的颗粒备用。

在预定做试验的前一天,取有代表性的试料测定其风干含水率。对于细粒土,试样应不少于 1 000g;对于粒径小于 40mm 的粗粒土,试样的质量应不少于 2 000g。

(2)确定最佳含水率和最大干密度

按《公路工程无机结合料稳定材料试验规程》(JTJ 057—94)中 T 0804—94 击实试验确定

无机结合料混合料的最佳含水率和最大干密度。

（3）制作试件。

①对于同一无机结合料剂量的混合料，需要制相同状态的试件数量（即平行试验的数量）与土类及操作的仔细程度有关，对于无机结合料稳定细粒土，至少分别应该制 9 个和 13 个试件。

②称取一定数量的风干土并计算干土的质量，其数量随试件大小而变。对于 50mm × 50mm 的试件，1 个试件约需干土 180 ~ 210g；对于 100mm × 100mm 的试件，1 个试件约需干土 1 700 ~ 1 900g；对于 150mm × 150mm 的试件，1 个试件约需干土 5 700 ~ 6 000g。

对于细粒土，可以一次称取 6 个试件的土；对于中粒土可以一次称取 3 个试件的土；对于粗粒土，一次只称取一个试件的土。

③将称好的土放在长方盘（约 400mm × 60mm × 700mm）内。向土中加水，对于细粒土（特别是黏性土）使其含水率较最佳含水率小 3%，对于中粒土和粗粒土可按最佳含水率加水，将土和水拌和均匀后放在密闭容器内浸润备用。如为石灰稳定土和水泥、石灰综合稳定土，可将石灰和土一起拌匀后进行浸润。

浸润时间：黏性土 12 ~ 24h，粉性土 6 ~ 8h，砂性土、砂砾土、红土砂砾、级配砂砾等可以缩短到 4h 左右；含土很少的未筛分碎石、砂砾及砂可以缩短到 2h。

注：应加的水量可按式（2-2-1）计算。

$$Q_w = \left(\frac{Q_n}{1+w_n} + \frac{Q_c}{1+w_c} \right) \times w - \frac{Q_n}{1+w_n} \times w_n - \frac{Q_c}{1+w_c} \times w_c \qquad (2\text{-}2\text{-}1)$$

式中：Q_w——混合料中应加的水量；

Q_n——混合料中素土（或集料）的质量，g；其含水率 w_n 为风干含水率，%；

Q_c——混合料中水泥或石灰的质量，g；其原始含水率为 w_c，%；水泥的 w_c 通常很小，也可以忽略不计；

w——要求达到的混合料的含水率，%。

④在浸润过的试料中，加入预定数量的水泥或石灰并拌和均匀。在拌和过程中，应将预留的 3% 的水（对于细粒土）加入土中，使混合料的含水率达到最佳合水率。拌和均匀的加有水泥的混合料应在 1h 内按下列方法制成试件。超过 1h 的混合料应该作废。其他结合料稳定土，混合料虽不受此限制，但也应尽快制成试件。

注：水泥或石灰剂量按干土（即干集料）质量的百分率计。

⑤按预定的干密度制件。用反力框架和液压千斤顶制件，制备一个预定干密度的试件，需要稳定土混合料数量随试模的尺寸而变。制备一个试件所需稳定土的质量 m_1 按式（2-2-2）计算：

$$m_1 = \rho_d V(1 + w) \qquad (2\text{-}2\text{-}2)$$

式中：V——试模的体积；

w——稳定土混合料的含水率，%；

ρ_d——稳定土试件的干密度，g/cm^3。

将试模的下压柱放入试模的下部，但外露 2cm 左右。将称量的规定数量的稳定土混合料分 2 ~ 3 次灌入试模中（利用漏斗）。每次灌入后用夯棒轻轻插实。如制的是 50mm × 50mm 的小试件，则可以将混合料一次倒入试模中。然后将上压柱放入试模内。应使其也外露 2cm 左右（即上下压柱露出试模外的部分应该相等）。

（4）将整个试模（连同上下压柱）放到反力框架内的千斤顶上（千斤顶下应放一扁球座），

加压直到上下压柱都压入试模为止。维持压力 1min，解除压力后，取下试模，拿去上压柱，并放到脱模器上将试件顶出（利用千斤顶和下压柱）。称量试件的质量 m_2，小试件准确到 1g；中试件准确到 2g；大试件准确到 5g；然后用游标卡尺量试件的高度 h，准确到 0.1mm。

用击锤制件，步骤同前。只是用击锤（可以利用做击实试验的击锤，但压柱顶面需要垫一块牛皮或胶皮，以保护锤面和压柱顶面不受损伤）将上下压柱打入试模内。

注：事先在试模的内壁及上下压柱的底面涂一薄层机油。

用水泥稳定有黏结性的材料时，制件后可以立即脱模，用水泥稳定无黏结性材料时，最好过几小时再脱模。

小试件指 50mm×50mm 的试件，中试件指 100mm×100mm 的试件，大试件指 150mm×150mm 的试件。

（5）养生。试件从试模内脱出并称量后，应立即放到密封湿气箱和恒温室内进行保温保湿养生。但中试件和大试件应先用塑料薄膜包覆。有条件时，可采用蜡封保温养生，养生时间视需要而定，作为工地控制，通常都只取 7d。整个养生期间的温度，在北方地区应保持 20℃±2℃，在南方地区应保持 25℃±2℃。

养生期的最后一天，应该将试件浸泡在水中，水的深度应使水面在试件顶上约 2.5cm。在浸泡水中之前，应再次称试件的质量 m_3，在养生期间，试件质量的损失应该符合下列规定：小试件不超过 1g；中试件不超过 4g；大试件不超过 10g，质量损失超过此规定的试件，应该作废。

3. 试验步骤

（1）将已浸水一昼夜的试件从水中取出，用软的旧布吸去试件表面的可见自由水，并称试件的质量 m_4。

（2）用游标卡尺量试件的高度 H_1，准确到 0.1mm。

（3）将试件放到路面材料强度试验仪的升降台上（台上先放一扁球座），进行抗压试验。试验过程中，应使试件的形变等速度增加，并保持速率约为 1mm/min；记录试件破坏时的最大压力 P(N)。

（4）从试件内部取有代表性的样品（经过打破）测定其含水率 w_1。

（5）将测试数据填入表中。

（6）计算。

①按下式计算试件无侧限抗压强度。

对于小试件： $R_c = P/A = 0.00051P$(MPa)

对于中试件： $R_c = P/A = 0.000127P$(MPa)

对于大试件： $R_c = P/A = 0.000057P$(MPa)

式中：P——试件破坏时的最大压力；

   A——试件的截面积，$A = \frac{\pi}{4}D^2$；

   D——试件的直径，mm。

②精密度或允许误差。

若干次平行试验的偏差系数 C_v(%) 应符合下列规定：

小试件不大于 10%；

中试件不大于 15%；

大试件不大于 20%。

4.试验报告

报告应包括以下内容：

（1）材料的颗粒组成；

（2）水泥的种类和强度等级或石灰的等级；

（3）确定最佳含水率时的结合料用量以及最佳含水率（%）和最大干密度（g/cm³）；

（4）水泥或石灰剂量（%）或石灰（或水泥）、粉煤灰和集料的比例；

（5）试件干密度（准确到0.01g/cm³）或压实度；

（6）吸水量以及测抗压强度时的含水率（%）；

（7）抗压强度：小于2.0MPa时，采用两位小数，并用偶数表示；大于2.0时，采用一位小数；

（8）若干个试验结果的最小值和最大值、平均值 $\overline{R}_c$、标准差 S、偏差系数 C_v 和95%概率的值 $R_{c0.95}$（$R_{c0.95} = \overline{R}_c - 1.645S$）。

2.2.4 实 训 项 目

（1）无机结合料稳定类材料的无侧限抗压强度试验检测。

（2）水泥或石灰稳定土中石灰水泥剂量试验检测。

2.2.5 小   结

路面工程和路基工程一样，都是道路工程的单位工程。路面工程质量的评定与检测是道路竣工验收工作的一部分。

现代化道路路面的修筑，一般是机械化施工，部分路面材料已实行工厂化生产，路面施工质量的管理及其检验评定工作趋向于更为严格、完善和规范化。

路面工程的质量检验评定内容包括：各类基层、底基层，各类沥青混合料面层，水泥混凝土面层，路缘石铺设和路肩。其中每一部分的检测与评定都按基本要求、实测项目、外观鉴定这三项进行。

本学习任务所列的各类基层、底基层结构类型为当前常用和考虑今后发展的典型结构，并根据其材料特性、施工要求、质量标准等作了合理归并。

复习思考题

1. 各类基层、底基层的实测项目中权值最高的指标是什么？

2. 通过各类沥青混合料面层质量评定的基本要求指出沥青路面质量的基本保证是什么？

3. 水泥混凝土路面检测列入前三项的重要质量指标有哪些？

任务2.3 路面基层和底基层竣工阶段的检测

2.3.1 任 务 导 入

【情境设计】 路面基层和底基层工程在竣工阶段的试验检测任务有哪些内容呢？如何

进行路面基层和底基层工程在施工阶段的试验检测呢？让我们来学一学吧。

2.3.2　任务目的

路面基层、底基层工程在竣工阶段的试验检测评定，避免了施工过程中质量不合格的产品流入下一道工序，只有保证施工过程中每一道工序的质量才能保证整个工程的质量。

通过路面基层、底基层工程在竣工阶段的试验检测，使学生能够对路面基层和底基层工程竣工验收阶段涉及的现场检测项目进行检测评定，并科学地评定路面基层的质量。

2.3.3　任务实施

一、检测项目

路面基层和底基层工程竣工阶段主要进行试验检测，避免不合格的路面基层和底基层工程流入下一道工序。路面基层和底基层工程竣工阶段需检测的项目除了按试验检测频率对准备阶段的项目进行检测外，还要进行无机结合料稳定类材料基层的质量评定。

二、路面工程质量评定方法与检查项目

路面工程质量管理的内容是很丰富的，各等级道路路面的质量要求很高，其质量管理工作包括设计、施工过程中的质量管理和检查验收，其中要进行材料试验、铺筑试验路段等一系列工作。为了保证这些工作的质量，必须建立、健全工地试验、质量检查及工序间的交接验收等各项制度。真正做到试验和检验记录齐全，数据真实可靠。本任务主要讲述路基路面各项指标的评定方法、各类基层、底基层的质量评定及沥青路面、水泥混凝土面层、路缘石铺设和路肩质量评定。

各类基层和底基层压实度代表值（平均值的下置信界限）不得小于规定代表值，单点不得小于规定极值。小于规定代表值 2 个百分点的测点，应按其占总检查点数的百分率计算合格率。垫层的质量要求同相同材料的其他公路的底基层；联结层的质量要求同相应的基层或面层；中级路面的质量要求同相同材料的其他公路的基层。

路面各结构层厚度按代表值和单点合格值设定允许偏差。当代表值偏差超过规定值时，该分项工程评为不合格；当代表值偏差满足要求时，按单个检查值的偏差不超过单点合格值的测点数计算合格率。材料要求和配比控制列入各节基本要求，可通过检查施工单位、工程监理单位的资料进行评定。

1. 路基、路面压实度评定

路基和路面基层、底基层的压实度以重型击实标准为准，沥青层压实度以《公路沥青路面施工技术规范》（JTG F40—2004）的规定为准。

对于特殊干旱、潮湿地区或过湿土，以路基设计施工规范规定的压实度标准进行评定。

标准密度应做平行试验，求其平均值作为现场检验的标准值。对于均匀性差的路基土质和路面结构层材料，应根据实际情况增补标准密度试验，求得相应的标准值，以控制和检验施工质量。

路基、路面压实度以 1～3km 长的路段为检验评定单元，按本标准各有关章节要求的检测频率进行现场压实度抽样检查，求算每一测点的压实度 K_i。细粒土现场压实度检查可以采用

灌砂法或环刀法；粗粒土及路面层压实度检查可以采用灌砂法、水袋法或钻孔取样蜡封法。应用核子密度仪时，须经对比试验检验，确认其可靠性。

检验评定段的压实度代表值 K（算术平均值的下置信界限）为：

$$K = \bar{k} - \frac{t_\alpha}{\sqrt{n}}S \geq K_0 \qquad\qquad (2\text{-}3\text{-}1)$$

式中：$\bar{k}$——检验评定段内各测点压实度的平均值；

t_α——t 分布表中随测点和保证率（或置信度 α）而变的系数；t_α 见表 2-3-1 采用的保证率，高速公路、一级公路：基层、底基层为 99%；路基、路面面层为 95%；其他公路：基层、底基层为 95%；路基、路面面层为 90%；

S——检测值的标准差；

n——检测点数；

K_0——压实度标准值。

$\dfrac{t_\alpha}{\sqrt{n}}$ 值

表 2-3-1

保证率 / n	99%	95%	90%	保证率 / n	99%	95%	90%
2	22.501	4.465	2.176	21	0.552	0.376	0.289
3	4.021	1.686	1.089	22	0.537	0.367	0.282
4	2.270	1.177	0.819	23	0.523	0.358	0.275
5	1.676	0.953	0.686	24	0.510	0.350	0.269
6	1.374	0.823	0.603	25	0.498	0.342	0.264
7	1.188	0.734	0.544	26	0.487	0.335	0.258
8	1.060	0.670	0.500	27	0.477	0.328	0.253
9	0.966	0.620	0.466	28	0.467	0.322	0.248
10	0.892	0.580	0.437	29	0.458	0.316	0.244
11	0.833	0.546	0.414	30	0.449	0.310	0.239
12	0.785	0.518	0.393	40	0.383	0.266	0.206
13	0.744	0.494	0.376	50	0.340	0.237	0.184
14	0.708	0.473	0.361	60	0.308	0.216	0.167
15	0.678	0.455	0.347	70	0.285	0.199	0.155
16	0.651	0.438	0.335	80	0.266	0.186	0.145
17	0.626	0.423	0.324	90	0.249	0.175	0.136
18	0.605	0.410	0.314	100	0.236	0.166	0.129
19	0.586	0.398	0.305	>100	$\dfrac{2.3265}{\sqrt{n}}$	$\dfrac{1.6449}{\sqrt{n}}$	$\dfrac{1.2815}{\sqrt{n}}$
20	0.568	0.387	0.297				

路基、基层和底基层：$K \geq K_0$，且单点压实度 K_i 全部大于等于规定值减 2 个百分点时，评定路段的压实度合格率为 100%；当 $K \geq K_0$，且单点压实度全部大于等于规定极值时，按测定值不低于规定值减 2 个百分点的测点数计算合格率。

$K < K_0$ 或某一单点压实度 K_i 小于规定极值时，该评定路段压实度为不合格，相应分项工程评为不合格。

路堤施工段较短时，分层压实度应点点符合要求，且样本数不少于 6 个。

沥青面层：当 $K \geq K_0$ 且全部测点大于等于规定值减 1 个百分点时，评定路段的压实度合格率为 100%；当 $K \geq K_0$ 时，按测定值不低于规定值减 1 个百分点的测点数计算合格率。

$K < K_0$ 时,评定路段的压实度为不合格,相应分项工程评为不合格。

2. 半刚性基层和底基层材料强度评定

(1)半刚性基层和底基层材料强度,以规定温度下保湿养生 6d、浸水 1d 后的 7d 无侧限抗压强度为准。

(2)在现场按规定频率取样,按工地预定达到的压实度制备试件。每 2 000m² 或每工作班制备 1 组试件。不论稳定细粒土、中粒土或粗粒土,当多次偏差系数 $C_V \leqslant 10\%$ 时,可为 6 个试件;$C_V = 10\% \sim 15\%$ 时,可为 9 个试件;$C_V > 15\%$ 时,则需 13 个试件。

(3)试件的平均强度 $\bar{R}$ 应满足式(2-3-2)的要求。

$$\bar{R} \geqslant R_d / (1 - Z_\alpha C_V) \tag{2-3-2}$$

式中:R_d——设计抗压强度,MPa;

$\quad C_V$——试验结果的偏差系数(以小数计);

$\quad Z_\alpha$——标准正态分布表中随保证率而变的系数。高速公路、一级公路:保证率 95%,$Z_\alpha = 1.645$;其他公路:保证率 90%,$Z_\alpha = 1.282$。

(4)评定路段内半刚性材料强度为不合格时相应分项工程为不合格。

3. 路面结构层厚度评定

(1)评定路段内路面结构层厚度按代表值和单个合格值的允许偏差进行评定。

(2)按规定频率,采用挖验或钻取芯样测定厚度。

(3)厚度代表值为厚度的算术平均值的下置信界限值,即

$$X_L = \bar{X} - \frac{t_\alpha}{\sqrt{n}} S \tag{2-3-3}$$

式中:X_L——厚度代表值(算术平均值的下置信界限);

$\quad \bar{X}$——厚度平均值;

$\quad S$——标准差;

$\quad n$——检测点数;

$\quad t_\alpha$——t 分布表中随测点和保证率(或置信度 α)而变的系数,可查表 2-3-1。

采用的保证率,高速公路、一级公路:基层、底基层为 99%,面层为 95%;其他公路:基层、底基层为 95%,面层为 90%。

(4)当厚度代表值大于等于设计厚度减去代表值允许偏差时,则按单个检查值的偏差不超过单点合格值来计算合格率;当厚度代表值小于设计厚度减去代表值允许偏差时,相应分项工程评为不合格。

代表值和单点合格值的允许偏差见以下各节实测项目表。

(5)沥青面层一般按沥青铺筑层总厚度进行评定,高速公路和一级公路分 2~3 层铺筑时,还应进行上面层厚度检查和评定。

4. 路基、柔性基层、沥青路面弯沉值评定

(1)弯沉值用贝克曼梁或自动弯沉仪测量。每一双车道评定路段(不超过 1km)检查 80~100 个点,多车道公路必须按车道数与双车道之比,相应增加测点。

(2)弯沉代表值为弯沉测量值的上波动界限,用式(2-3-4)计算。

$$l_r = \bar{l} + Z_\alpha S \tag{2-3-4}$$

式中:l_r——弯沉代表值,0.01mm;

$\quad \bar{l}$——实测弯沉的平均值,0.01mm;

S——标准差；

Z_α——与要求保证率有关的系数,见表 2-3-2。

表 2-3-2

Z_α 值

层　位	Z_α	
	高速公路、一级公路	二、三级公路
沥青面层	1.645	1.5
路基	2.0	1.645

(3)当路基和柔性基层、底基层的弯沉代表值不符合要求时,可将超出 $\bar{l} \pm (2 \sim 3)S$ 的弯沉特异值舍弃,重新计算平均值和标准差。对舍弃的弯沉值大于 $\bar{l} \pm (2 \sim 3)S$ 的点,应找出其周围界限,进行局部处理。

用两台弯沉仪同时进行左右轮弯沉值测定时,应按两个独立测点计,不能采用左右两点的平均值。

(4)弯沉代表值大于设计要求的弯沉值时相应分项工程为不合格。

(5)测定时的路表温度对沥青面层的弯沉值有明显影响,应进行温度修正。当沥青层厚度小于或等于 50mm 时,或路表温度在 20℃ ±2℃ 范围内,可不进行温度修正。

若在非不利季节测定时,应考虑季节影响系数。

5. 路面横向力系数评定

(1)评定路段内的路面横向力系数按 SFC 的设计或验收标准值进行评定。

(2)SFC 代表值为 SFC 算术平均值的下置信界限值,即

$$\mathrm{SFC_r} = \overline{\mathrm{SFC}} - \frac{t_\alpha}{\sqrt{n}} S \tag{2-3-5}$$

式中:$\mathrm{SFC_r}$——SFC 代表值；

$\overline{\mathrm{SFC}}$——SFC 平均值；

S——标准差；

n——检测点数；

t_α——t 分布表中随测点数和保证率(或置信度 α)而变的系数,可查表 2-3-1。采用的保证率:高速公路、一级公路为 95%；其他公路为 90%。

(3)当 SFC 代表值不小于设计或验收标准时,按单个 SFC 值计算合格率；当 SFC 代表值小于设计或标准值时,相应分项工程评为不合格。

三、块(碎)石结构层质量评定

1. 填隙碎石(矿渣)基层和底基层

1)基本要求

(1)粗粒料应为质坚、无杂质的轧制石料或分解稳定的轧制矿渣,填缝料为 5mm 以下的轧制细料或粗砂。

(2)应用振动压路机碾压,使填缝料填满粗粒料空隙。

2)外观鉴定

表面平整坚实,边线整齐,无松散现象。不符合要求时,每处减 1 ~ 2 分。

2. 级配碎(砾)石基层和底基层

1) 基本要求

(1) 选用质地坚韧、无杂质碎石、砂砾、石屑或砂,级配应符合要求。

(2) 配料必须准确,塑性指数必须符合规定。

(3) 混合料应拌和均匀,无明显离析现象。

(4) 碾压应遵循先轻后重的原则,洒水碾压至要求的密实度。

2) 外观鉴定

表面平整密实,边线整齐,无松散。不符合要求时,每处减1~2分。

3. 无机结合料稳定类材料基层(包括石灰土基层和底基层)的质量评定

1) 基本要求

(1) 土质应符合设计要求,土块应经粉碎。

(2) 石灰质量应符合设计要求,块灰须经充分消解才能使用。

(3) 石灰和土的用量应按设计要求控制准确,未消解的生石灰块必须剔除。

(4) 路拌深度要达到层底。

(5) 混合料应处于最佳含水率状况下,用重型压路机碾压至要求的压实度。

(6) 保湿养生,养生期要符合规范要求。

2) 外观鉴定

(1) 表面平整密实、无坑洼。不符合要求时,每处减1~2分。

(2) 施工接茬平整、稳定。不符合要求时,每处减1~2分。

4. 石灰稳定粒料(碎石、砂砾或矿渣等)基层和底基层

1) 基本要求

(1) 粒料应符合设计和施工规范要求,矿渣应分解稳定后才能使用。

(2) 石灰质量应符合设计要求,块灰须经充分消解才能使用。

(3) 石灰的用量应按设计要求控制准确,未消解生石灰必须剔除。

(4) 路拌深度要达到层底。

(5) 混合料应处于最佳含水率状况下,用重型压路机碾压至要求的压实度。

(6) 保湿养生,养生期应符合规范要求。

2) 外观鉴定

(1) 表面平整密实、无坑洼。不符合要求时,每处减1~2分。

(2) 施工接茬平整、稳定。不符合要求时,每处减1~2分。

5. 水泥土基层和底基层

1) 基本要求

(1) 土质应符合设计要求,土块应经粉碎。

(2) 水泥用量应按设计要求控制准确。

(3) 路拌深度应达到层底。

(4) 混合料应处于最佳含水率状况下,用重型压路机碾压至要求的压实度。从加水拌和到碾压终了的时间不应超过3~4h,并应短于水泥的终凝时间。

(5) 碾压检查合格后立即覆盖或洒水养生,养生期应符合规范要求。

2) 外观鉴定

(1) 表面平整密实、无坑洼。不符合要求时,每处减1~2分。

(2)施工接茬平整、稳定。不符合要求时,每处减 1 ~ 2 分。

6. 水泥稳定粒料(碎石、砂砾或矿渣等)基层和底基层

1)基本要求

(1)粒料应符合设计和施工规范要求,并应根据当地料源选择质坚干净的粒料;矿渣应分解稳定,未分解渣块应予剔除。

(2)水泥用量和矿料级配应按设计控制准确。

(3)路拌深度应达到层底。

(4)摊铺时应注意消除离析现象。

(5)混合料应处于最佳含水率状况下,用重型压路机碾压至要求的压实度。从加水拌和到碾压终了的时间不应超过 3 ~ 4h,并应短于水泥的终凝时间。

(6)碾压检查合格后立即覆盖或洒水养生,养生期要符合规范要求。

2)外观鉴定

(1)表面平整密实、无坑洼、无明显离析。不符合要求时,每处减 1 ~ 2 分。

(2)施工接茬平整、稳定。不符合要求时,每处减 1 ~ 2 分。

7. 石灰、粉煤灰土基层和底基层

1)基本要求

(1)土质应符合设计要求,土块应经粉碎。

(2)石灰和粉煤灰质量应符合设计要求,石灰须经充分消解后才能使用。

(3)混合料配合比应准确,不得含有灰团和生石灰块。

(4)碾压时应先用轻型压路机稳压,后用重型压路机碾压至要求的压实度。

(5)保湿养生,养生期应符合规范要求。

2)外观鉴定

(1)表面平整密实、无坑洼。不符合要求时,每处减 1 ~ 2 分。

(2)施工接茬平整、稳定。不符合要求时,每处减 1 ~ 2 分。

8. 石灰、粉煤灰稳定粒料(碎石、砂砾或矿渣等)基层和底基层

1)基本要求

(1)粒料应符合设计和施工规范要求,并应根据当地料源选择质坚干净的粒料。矿渣应分解稳定,未分解渣块应予剔除。

(2)石灰和粉煤灰质量应符合设计要求,石灰须经充分消解后才能使用。

(3)混合料配合比应准确,不得含有灰团和生石灰块。

(4)摊铺时应注意消除离析现象。

(5)碾压时应先用轻型压路机稳压,再用重型压路机碾压至要求的压实度。

(6)保湿养生,养生期应符合规范要求。

2)外观鉴定

(1)表面平整密实、无坑洼、无明显离析。不符合要求时,每处减 1 ~ 2 分。

(2)施工接茬平整、稳定。不符合要求时,每处减 1 ~ 2 分。

(3)混凝土路面铺筑后按施工规范要求养生。

9. 质量检验评定表

质量检验评定表见表 2-3-3。

砂(碎石)垫层质量检验评定表

表 2-3-3

项目名称：　　　　　　　　　　工程合同段：　　　　　　　　　　工程项目名称：　　　　　　　　　　工程部位：

施工单位：　　　　　　　　　　　　　　　　　　　　　监理单位：　　　　　　　　　　（子）分项工程名称：　　　　　使用者类别：

基本要求	砂的质量和规格必须符合设计要求和规范规定；适当洒水，分层压实；砂垫层厚度宽度应宽出路基边脚 0.5～1.0m，两侧端以片石护砌；砂垫层厚度及其上铺设的反滤层应符合设计要求							
项次	检查项目	规定值或允许偏差（高速公路）	检查方法和频率	权值	检查实测值	平均值代表值	合格率（%）	得分
1	砂(碎石)垫层厚度	不小于设计	每 200m 检查 4 处	3				
2	砂(碎石)垫层宽度	不小于设计	每 200m 检查 4 处	1				
3	反滤层设置	符合设计要求	每 200m 检查 4 处	1				
4	压实度（%）	90	每 200m 检查 4 处	2				
5	（子）分项工程得分							
6	外观鉴定	表面无坑洼不平。不符合要求时，每处减 1～2分	检查结果					
7	质量保证资料	施工资料和图表必须齐全，不缺乏最基本数据，不得伪造涂改。不符合要求时，不予检查和评定，视情况每款减 1～3分						
8	（子）分项工程评分值							
9	质量等级							

监理工程师：　　　　　　　　　　检测人：　　　　　　　　　　检测人：　　　　　　　　　　承包人：

日期：　　　　　　　　　　日期：　　　　　　　　　　日期：　　　　　　　　　　日期：

2.3.4　实训项目

正确填写如下质量检验评定表:

(1)水泥土基层和底基层的质量检验评定表。

(2)水泥稳定粒料基层和底基层的质量检验评定表。

(3)石灰土基层和底基层的质量检验评定表。

(4)石灰稳定粒料基层和底基层的质量检验评定表。

(5)石灰、粉煤灰土基层和底基层的质量检验评定表。

(6)石灰、粉煤灰稳定粒料基层和底基层的质量检验评定表。

(7)级配碎(砾)石基层和底基层的质量检验评定表。

(8)填隙碎石(矿渣)基层和底基层的质量检验评定表。

2.3.5　小　结

公路路面常用的基层与底基层材料可分为三大类:柔性基层,半刚性基层,刚性基层。也可以分为:无机结合料稳定类,有机结合料稳定类和粒料类。我国常用的基层材料包括水泥稳定土、石灰稳定土、石灰工业废渣稳定土、级配碎石、级配砾石或级配砂砾、填隙碎石等类型。在粉碎的或原状松散的土中掺入一定量的无机结合料(包括水泥、石灰或工业废渣等)和水,经拌和得到的混合料在压实与养生后,其抗压强度符合规定要求的材料称为无机结合料稳定材料。无机结合料稳定类基层与底基层主要有水泥稳定土、石灰稳定土、石灰工业废渣稳定土等。其中,土作为基层材料的骨架,水泥和石灰则属于基层材料的胶凝物质。由于胶凝的机理不同,水泥属于水硬性胶凝材料,而石灰属于气硬性胶凝材料。无机结合料稳定土由于胶凝性质的不同和材料配比的多变性原因,其工程性质千差万别,则相应的试验检测方法也较复杂。

按照土中单个颗粒(指碎石、砾石和砂颗粒)的粒径大小和组成,将土分为细粒土、中粒土和粗粒土。

(1)细粒土:颗粒的最大粒径小于 10mm,且其中小于 2mm 的颗粒含量不少于 90%;

(2)中粒土:颗粒的最大粒径小于 30mm,且其中小于 20mm 的颗粒含量不少于 85%;

(3)粗粒土:颗粒的最大粒径小于 50mm,且其中小于 40mm 的颗粒含量不少于 85%。

本学习任务就目前国内外应用最多的半刚性基层、底基层材料的最佳含水率和最大干密度测定,无侧限抗压强度测定,水泥、石灰稳定土中水泥和石灰剂量的测定,石灰中钙、镁含量测定加以介绍。工地压实度测定、承载比(CBR)测定、回弹模量的测定与普通土的测定方法相同。

复习思考题

1.水泥土基层和底基层的质量是如何评定的?

2.水泥稳定粒料基层和底基层的质量是如何评定的?

3.石灰土基层和底基层的质量是如何评定的?

4.石灰稳定粒料基层和底基层是如何评定的?

沥青路面面层检测与质量评定

情境导入

　　沥青路面面层工程施工中，按照施工准备阶段、施工阶段和竣工验收阶段进行试验检测评定，避免不合格的材料和产品流入下一道工序。只有保证每一道工序的质量才能保证整个工程的质量。

学习目标

　　【知识目标】　完成本学习情境的学习，学生能够熟悉沥青路面面层工程的施工工艺；熟悉各项检测任务的目的和检测方法、步骤以及试验的原理；熟悉各种检测仪器的性能；熟悉与所检测项目相关的技术标准、技术规范和技术规程；能用定量的方法科学地评定路基的质量。

　　【能力目标】　学生能够熟练掌握沥青路面面层工程在施工准备阶段、施工阶段、竣工验收阶段质量检验评定的工作过程，明确沥青路面面层工程在各阶段中所要进行的各种检测项目，能熟练操作各种检测仪器进行试验；正确如实地填写原始记录；能够运用数理统计方面的知识对检测结果进行数据处理及评定。

任务 3.1 沥青路面面层施工准备阶段的检测

3.1.1 任务导入

【情境设计】 试验检测是保证工程质量的重要手段。客观、准确、规范、及时的试验检测数据,是指导、控制和评定工程质量的科学依据。

沥青路面面层工程在施工准备阶段的试验检测任务有哪些内容呢? 如何进行路基工程在施工准备阶段的试验检测呢? 让我们来学一学吧。

3.1.2 任务目的

沥青路面面层工程在施工准备阶段主要对原材料进行各种室内检测,避免不合格材料用于工程,为开工做好前期准备工作,以判断填料的可用性。

3.1.3 任务实施

一、检测项目

施工准备阶段主要对原材料及各种配合比进行试验检测,避免不合格材料用于工程,为开工做好前期准备工作。沥青路面面层施工准备阶段需检测的项目见表3-1-1。

沥青路面面层施工准备阶段需检测的项目 表 3-1-1

序号	检 测 项 目	采用规程(标准)
1	沥青三大指标试验	《公路工程沥青及沥青混合料试验规程》(JTJ 052—2000);《公路工程质量检验评定标准(土建工程)》(JTG F80/1—2004);《公路工程集料试验规程》(JTG E42—2005);《公路沥青路面施工技术规范》(JTG F40—2004)
2	矿料性能试验	
3	沥青混合料配合比(设计、目标、生产)试验	
4	沥青与矿料黏附性试验	
5	马歇尔试验(稳定度、流值)试验	
6	车辙试验	
7	沥青含量试验(燃烧法)	
8	沥青最大理论密度检测	
9	压实沥青混合料的密度试验	
10	沥青混合料试件制作	
11	沥青混合料单轴压缩试验(圆柱体法)	

二、检测方法

沥青三大指标试验、矿料性能试验、沥青混合料配合比(设计、目标、生产)试验、沥青含量试验(燃烧法)、沥青最大理论密度检测、压实沥青混合料的密度试验、沥青混合料试件制作试验、沥青与矿料黏附性试验依据表3-1-1中相应规程(标准),参照《道路建筑材料》课程进行试验检测。

检测项目 抗压强度和抗压回弹模量测定

沥青路面材料在检测过程中,还需要检测沥青混合料的抗压强度和抗压回弹模量,其测试方法是沥青混合料的单轴压缩试验。

【检测方法】 沥青混合料单轴压缩试验(圆柱体法)

(1)本方法适用于测定热拌沥青混合料的抗压回弹模量和抗压强度。按照《公路沥青路面设计规范》(JTG D50—2006)确定沥青混合料结构层的设计参数时应按本方法执行。如无特殊规定,用于计算弯沉的抗压回弹模量的标准试验温度为20℃,用于验算弯拉应力的抗压回弹模量的标准试验温度为15℃。加载速率为2mm/min。

(2)本方法适用于直径100mm ± 2.0mm、高100mm ± 2.0mm的沥青混合料圆柱体试件。

1. 仪器准备

(1)万能材料试验机,其他可施加荷载并测试变形的路面材料试验设备也可使用,但均必须满足下列条件:

①最大荷载应满足不超过其量程的80%,且不小于量程的20%的要求,宜采用100kN,分度值100N。具有球形支座,压头可以活动并与试件紧密接触。

②具有环境保温箱,控温准确度0.5℃。当缺乏环境保温箱时,试验室应设置空调,控温准确度1.0℃。

③能符合加载速率保持2mm/min的要求。试验机宜有伺服系统,在加载过程中速度基本不变。当采用马歇尔试验仪手动控制时,应事先校正手摇速率,以达到2mm/min加载速率的要求。

(2)变形量测装置。抗压试验加载用上下压板,下压板下有带球面的底座。压板直径为120mm,在直径102mm处有一浅的放置试件的圆周刻印。下压板直径线两侧有立柱顶杆,上压板直径线两侧装有千分表架,表架中心与顶杆中心位置一致。当试验机具有自动测定试件垂直变形或自动测记试件的压力与变形曲线功能时,可以直接使用,不必另外配备变形量测装置。

(3)千分表(1/1000mm),2只。

(4)恒温水槽:用于试件保温,温度能满足试验温度要求,控温精密度 ± 0.5℃。恒温水槽的液体应能不断循环回流。深度应大于试件高度50mm。

(5)台秤或天平:感量不大于0.5g。

(6)温度计:分度为0.5℃。

(7)秒表、卡尺。

2. 试样准备

(1)用静压法成形沥青混合料试件。也可从轮碾机成形的板块试件上用钻芯机钻取试件。试件尺寸应符合直径100mm ± 2.0mm、高100mm ± 2.0mm的要求。如有条件,可采用振动压实或搓揉法成形试件(试件尺寸及成形方法应在报告中注明)。试件的密度应符合马歇尔标准击实密度100% ± 1.0%的要求。

(2)试件成形后不等完全冷却即可脱模,用卡尺量取试件高度,若最高部位与最低部位的高度差超过2mm时试件应作废。用于抗压强度试验的试件数不得少于3个,用于抗压回弹模量的一组试件数宜为 3~6 个。

（3）将试件放置在室温条件下 24h，用卡尺在各个试件上下两个断面的垂直方向上正确量取试件直径，取四个数的平均值作为试件的计算直径（d），准确至 0.1mm。

（4）用卡尺在各个试件的 4 个对称位置上正确量取试件高度，取四个数的平均值作为试件的计算高度（h），准确至 0.1mm。

（5）按本规程规定的方法测定试件的密度、空隙率等各项物理指标。

（6）将试件置于规定的试验温度（15℃或20℃）的恒温水槽中保温 2.5h 以上，保温时试件之间的距离应不小于 10mm。此时压板、底座也应同时保温。在有空调的试验室内测试时，将室温调至要求的温度，试件放置 12h 以上。

（7）使试验机环境保温箱或空调试验室达到要求的试验温度。

3. 试验步骤

1）抗压强度试验步骤

（1）将下压板、底座置于试验机升降台座上对中，迅速取出试件放在下压板中央刻线位置，加上上压板。

（2）将试件从恒温水槽中取出，立即置于压力机台座上，以 2mm/min 的加载速率均匀加载直至破坏，读取荷载峰值（P），准确至 100N。

2）抗压回弹模量试验步骤

（1）确定加载级别：首先测试抗压强度平均值 P，大体均匀地分成 10 级荷载，分别取 $0.1P$、$0.2P$、$0.3P$、$\cdots$、$0.7P$ 七级（可取成接近的整数）作为试验荷载。

（2）将下压板、底座置于试验机升降台座上对中，迅速取出试件放在下压板中央刻线位置，加上上压板，在两侧千分表架上安置千分表，与下压板相应位置的千分表顶杆接触。如果利用试验机的压力与试件变形自动测试功能时，做好相应的测试准备。

（3）调整试验机台座的高度，使加载顶板与压头中心轻轻接触。

（4）以 2mm/min 速率加载至 $0.2P$ 进行预压，保持 1min，观察两侧千分表增值是否接近，若两个千分表读数反向或增值差异大于 3 倍，则表明试件是偏心受压，应敲动球座适当调整，至读数大致接近，然后卸载，并重复预压一次。卸载至零后记录两个千分表的原始读数。

（5）以 2mm/min 速率加载至第 1 级荷载（$0.1P$），立即记取千分表读数及实际荷载数，并以同样的速率卸载回零，开始启动秒表，待试件回弹变形 30s 后，再次记取千分表读数，加载与卸载两次读数之差即为此级荷载下试件的回弹变形（ΔL_1）。然后依次进行第 2、3、$\cdots$、7 级荷载的加载、卸载过程，方法与第 1 级荷载相同，分别加载至 $0.2P$、$0.3P$、$\cdots$、$0.7P$，卸载，并分别记取千分表读数及实际荷载，得出各级荷载的回弹变形 ΔL_i。

4. 计算

混凝土试件的抗压强度按式（3-1-1）计算。

$$R_c = \frac{4P}{\pi d^2} \tag{3-1-1}$$

式中：R_c——试件的抗压强度，MPa；

$\quad\quad P$——试件破坏时的最大荷载，N；

$\quad\quad d$——试件直径，mm。

按式（3-1-2）计算各级荷载下试件实际承受的压强 q_i。

$$q_i = \frac{4P_i}{\pi d^2} \tag{3-1-2}$$

式中：q_i——相应于各级试验荷载 P_i 作用下的压强，MPa；

$\quad\quad P_i$——施加于试件的各级荷载值，N。

在方格纸上绘制各级荷载的压强 q_i 与回弹变形 ΔL_i，将 $q_i \sim \Delta L_i$ 关系绘成一平顺的连续曲线，使之与坐标轴相交得出修正原点，根据此修正原点坐标轴从第 5 级荷载（$0.5P$）读取压强 q_5 及相应的 ΔL_5，则沥青混合料试件的抗压回弹模量可按式（3-1-3）计算。

$$E' = \frac{q_5 \times h}{\Delta L_5} \tag{3-1-3}$$

式中：E'——抗压回弹模量，MPa；

$\quad\quad q_5$——相应于第 5 级荷载（$0.5P$）时的荷载压强，MPa；

$\quad\quad h$——试件轴心高度，mm；

$\quad\quad \Delta L_5$——相应于第 5 级荷载（$0.5P$）时经原点修正后的回弹变形，mm。

5.试验报告

当一组试件的测定值中某个测定值与平均值之差大于标准差的 k 倍时，该测定值应予舍弃，有效试件数为 n 时的 k 值列于表 3-1-2。对其余测定值按式（3-1-4）的 t 分布法计算整理，得到供路面设计用的抗压回弹模量值。

$$E = E' - \frac{t}{\sqrt{n}}S \tag{3-1-4}$$

式中：E—— 供路面设计用的抗压回弹模量值，MPa；

$\quad\quad E'$—— 一组试件实测的抗压回弹模量的平均值，MPa；

$\quad\quad S$—— 一组试件样品实测值的标准差，MPa；

$\quad\quad n$—— 一组试件的有效试件数；

$\quad\quad t$—— 随保证率而变的系数。对高速公路及一级公路的保证率为 95%，其他等级公路的保证率为 90%。t/n 值如表 3-1-2 所列。

有效试件数与 t 值的关系 表 3-1-2

有效试件数 n	临 界 值 k	t/n	
		保证率95%	保证率90%
3	1.15	1.686	1.089
4	1.46	1.177	0.819
5	1.67	0.954	0.686
6	1.82	0.823	0.603
7	1.94	0.734	0.544
8	2.03	0.670	0.500
9	2.11	0.620	0.466
10	2.18	0.580	0.437

试验结果均应注明试件尺寸、成形方法、试验温度、加载速率，以及试验结果的平均值、标准差、变异系数，必要时注明试件的密度、空隙率等。

3.1.4 实训项目

沥青混合料单轴压缩试验。

3.1.5 小 结

本学习任务主要介绍沥青混合料的马歇尔稳定度试验及动稳定性的检验(车辙试验)。沥青路面材料在检测过程中,还需要检测沥青混合料的抗压强度和抗压回弹模量,其测试方法是沥青混合料的单轴压缩试验。

复习思考题

1. 沥青混合料稳定度试验的检测指标有哪些? 反映沥青混合料的什么性质?
2. 简述沥青混合料单轴压缩试验的目的以及抗压回弹模量的意义。

任务 3.2 沥青路面面层施工阶段的检测

3.2.1 任 务 导 入

【情境设计】 沥青路面面层工程在施工阶段的试验检测任务有哪些内容呢? 如何进行路面基层和底基层工程在施工阶段的试验检测呢? 让我们来学一学吧。

3.2.2 任 务 目 的

沥青路面面层工程在施工阶段的试验检测评定,主要是在施工阶段的现场试验检测,避免施工过程中质量不合格的产品流入下一道工序,只有保证施工过程中每一道工序的质量才能保证整个工程的质量。

通过沥青路面面层工程在施工阶段的试验检测,使学生能够对沥青路面面层工程施工过程涉及的现场检测项目进行检测评定,能够检测沥青路面面层工程的承载力,并科学地评定沥青路面面层工程的质量。

3.2.3 任 务 实 施

一、检测项目

沥青路面面层工程在施工阶段主要对原材料及各种配合比进行试验检测,避免不合格的材料用于工程,为开工做好前期准备工作。沥青路面面层工程在施工阶段需检测的项目见表 3-2-1。

序号	检测项目	采用规程(标准)
1	沥青面层压实度检测	《公路工程沥青及沥青混合料试验规程》(JTJ 052—2000);《公路工程质量检验评定标准(土建工程)》(JTG F80/1—2004);《公路工程集料试验规程》(JTG E42—2005);《公路沥青路面施工技术规范》(JTG F40—2004)
2	沥青抽提试验(燃烧法)	

二、检测方法

检测项目　沥青面层压实度检测

在公路工程施工中,为了提高路面的强度,保证其使用质量,必须对路面各结构层进行人工或机械压实。压实的作用为:

(1)可以充分发挥路面材料的强度;

(2)可以减少路面在行车荷载下产生的形变;

(3)可以增加路面材料的不透水性和强度稳定性。

若压实不足,则路面容易产生车辙、裂缝、沉陷及整个路面被剪切破坏,那么在施工现场如何来判断和衡量压实度的程度和效果呢?

【检测方法 1】　挖坑灌砂法

本试验法适用于在现场测定基层(或底基层)、砂石路面及路基土的各种材料压实层的密度和压实度,也适用于沥青表面处治、沥青贯入式路面层的密度和压实度检测,但不适用于填石路堤等有大孔洞或大孔隙材料的压实度检测。

用挖坑灌砂法测定密度和压实度时,应符合下列规定:

当集料的最大粒径小于 15mm,测定层的厚度不超过 150mm 时,宜采用 ϕ100mm 的小型灌砂筒测试;

当集料的最大粒径等于或大于 15mm,但不大于 40mm,测定层的厚度超过 150mm,但不超过 200mm 时,应用 ϕ150mm 的大型灌砂筒测试。

1. 仪器准备

(1)灌砂筒:有大小两种,根据需要采用。储砂筒筒底中心有一个圆孔,下部装一倒置的圆锥形漏斗,漏斗上端开口直径与储砂筒底的圆孔相同。漏斗焊接在一块铁板上,铁板中心有一圆孔与漏斗上开口相接。在储砂筒筒底与漏斗顶端铁板之间设有开关。开关为一薄铁板,一端与筒底及漏斗铁板铰接在一起,另一端伸出筒身外。开关铁板上也有一个相同直径的圆孔。

(2)金属标定罐:用薄铁板制作的金属罐,上端周围有一罐缘。

(3)基板:用薄铁板制作的金属方盘,盘的中心有一圆孔。

(4)玻璃板:边长约 500～600mm 的方形板。

(5)试样盘:用于盛装挖出的试样或装回收的砂子。

(6)天平或台秤:称量 10～15kg,感量不大于 1g。用于含水率测定的天平精度,对细粒土、中粒土、粗粒土宜分别为 0.01g、0.1g、1.0g。

(7)含水率测定器具:铝盒、烘箱等。

(8)量砂:粒径 0.30～0.60mm 或 0.25～0.50mm 清洁干燥的均匀砂,约 20～40kg,使用前

须洗净、烘干,并放置足够的时间,使其与空气的湿度达到平衡。

(9)其他:凿子、铁锤、长把勺、毛刷等。

2.试样准备

(1)按现行试验方法对检测对象的试样,用同种材料进行击实试验,得到最大干密度(ρ_c)及最佳含水率。

(2)选用适宜的灌砂筒。按下列步骤标定灌砂筒下部圆锥体内砂的质量:

①在灌砂筒筒口高度上,向灌砂筒内装砂至距筒顶15mm左右为止。称取装入筒内砂的质量,准确至1g。以后每次标定及试验都应该维持装砂高度与质量不变。

②将开关打开,使灌砂筒筒底的流砂孔、圆锥形漏斗上端开口圆孔及开关铁板中心的圆孔上下对准,让砂自由流出,并使流出砂的体积与工地所挖试坑内的体积相当(或等于标定罐的容积),然后关上开关。

③不晃动储砂筒的砂,轻轻地将灌砂筒移至玻璃板上,将开关打开,让砂流出,直到筒内砂不再下流时,将开关关上,并细心地取走灌砂筒。

④收集并称量留在玻璃板上的砂,准确至1g。玻璃板上的砂就是填满灌砂筒下部圆锥体的砂(m_2)。

⑤重复上述测量三次,取其平均值。

(3)按下列步骤标定量砂的单位质量γ_s(g/cm^3):

①用水确定标定罐的容积,准确至1mL。

②在储砂筒中装入质量为m_1的砂,并将灌砂筒放在标定罐上,将开关打开,让砂流出。在整个流砂过程中,不要碰动灌砂筒,直到储砂筒内的砂不再下流时,将开关关闭。取下灌砂筒,称取筒内剩余砂的质量(m_3),准确至1g。

③按式(3-2-1)计算填满标定罐所需砂的质量m_a(g)。

$$m_a = m_1 - m_2 - m_3 \tag{3-2-1}$$

式中:m_a——标定罐中砂的质量,g;

m_1——装入灌砂筒内砂的总质量,g;

m_2——灌砂筒下部圆锥体内砂的质量,g;

m_3——灌砂入标定罐后,筒内剩余砂的质量,g。

④重复上述测量三次,取其平均值。

⑤按式(3-2-2)计算量砂的单位质量γ_s。

$$\gamma_s = \frac{m_a}{V} \tag{3-2-2}$$

式中:γ_s——量砂的单位质量,g/cm^3;

V——标定罐的体积,cm^3。

3.试验步骤

(1)在试验地点,选一块平坦表面,并将其清扫干净,其面积不得小于基板面积。

(2)将基板放在平坦表面上。当表面的粗糙度较大时则将盛有量砂(相当于罐砂筒内的量砂,流出去相当于工地所挖试坑容积的量砂的砂质量)的灌砂筒放在基板中间的圆孔上,将灌砂筒的开关打开,让砂流入基板的中孔内,直到储砂筒内的砂不再下流时关闭开关。取下灌砂筒,并称量筒内砂的质量,准确至1g。

(3)取走基板,并将留在试验地点的量砂收回,重新将表面清扫干净。

(4)将基板放回清扫干净的表面上(尽量放在原处),沿基板中孔凿洞(洞的直径与灌砂筒一致)。在凿洞过程中,应注意不使凿出的材料丢失,并随时将凿松的材料取出装入塑料袋中,不使水分蒸发。也可放在大试样盒内。试洞的深度应等于测定层厚度,但不得有下层材料混入,最后将洞内的全部凿松材料取出。全部取出材料的总质量为 m_w,准确至1g。

(5)从挖出的全部材料中取有代表性的样品,放在铝盒或洁净的搪瓷盘中,测定其含水率(以%计)。样品的数量如下:用小灌砂筒测定时,对于细粒土,不少于100g;对于各种中粒土,不少于500g。用大灌砂筒测定时,对于细粒土,不少于200g;对于各种中粒土,不少于1 000g;对于粗粒土或水泥、石灰、粉煤灰等无机结合料稳定材料,宜将取出的全部材料烘干,且不少于2 000g,称其质量,准确至1g。

注:当为沥青表面处治或沥青贯入式结构类材料时,则省去测定含水率步骤。

(6)将基板安放在试坑上,将灌砂筒安放在基板中间。储砂筒内放满砂到要求质量,使灌砂筒的下口对准基板的中孔及试洞,打开灌砂筒的开关,让砂流入试坑内。在此期间,应注意勿碰动灌砂筒。直到储砂筒内的砂不再下流时,关闭开关。仔细取走灌砂筒,并称量筒内剩余砂的质量,准确至1g。

(7)如清扫干净的平坦表面的粗糙度不大,也可省去(2)和(3)的操作。在试洞挖好后,将灌砂筒直接对准放在试坑上,中间不需要放基板。打开筒的开关,让砂流入试坑内。在此期间,应注意勿碰动灌砂筒,直到储砂筒内的砂不再下流时,关闭开关。仔细取走灌砂筒,并称量剩余砂的质量,准确至1g。

(8)仔细取出试筒内的量砂,以备下次试验时再用。若量砂的湿度已发生变化或量砂中混有杂质,则应该重新烘干、过筛,并放置一段时间,使其与空气的湿度达到平衡后再用。

4. 计算

(1)计算填满试坑所用的砂的质量(g)。

灌砂时,试坑上放有基板时:

$$m_b = m_1 - m_4 - (m_5 - m_6) \tag{3-2-3}$$

灌砂时,试坑上不放基板时:

$$m_b = m_1 - m'_4 - m_2 \tag{3-2-4}$$

式中: m_b——填满试坑的砂的质量,g;

$\quad\quad m_1$——灌砂前灌砂筒内砂的质量,g;

$\quad\quad m_2$——灌砂筒下部圆锥体内砂的质量,g;

$\quad\quad m_4$、m'_4——灌砂后,灌砂筒内剩余砂的质量,g;

$(m_5 - m_6)$——罐砂筒下部圆锥体内及基板和粗糙表面间砂的合计质量,g。

(2)计算试坑材料的湿密度(g/cm^3)。

$$\rho_w = \frac{m_w}{m_b} \times \gamma_s \tag{3-2-5}$$

式中: m_w——试坑中取出的全部材料的质量,g;

$\quad\quad \gamma_s$——量砂的单位质量,g/cm^3。

(3)计算试坑材料的干密度(g/cm^3)。

$$\rho_d = \frac{\rho_w}{1 + 0.01w} \tag{3-2-6}$$

式中:w——试坑材料的含水率,%。

注:当试坑材料组成与击实试验的材料有较大差异时,以试坑材料做标准击实试验的材料以求取实际的最大干密度。

【检测方法2】 钻孔取芯样法

(1)本方法适用于用路面取芯钻机或路面切割机在现场钻取或切割路面的代表性试样。

(2)本方法适用于对水泥混凝土面层、沥青混合料面层或水泥、石灰、粉煤灰等无机结合料稳定基层取样,以测定其密度或其他物理力学性质。

(3)本方法钻孔采取芯样的直径宜不小于最大集料粒径的3倍。

1. 仪器准备

(1)路面取芯钻机:牵引式(可用手推)或车载式,钻机由发动机或电力驱动。钻头直径根据需要决定,宜采用直径 $\phi100mm$ 的金刚石钻头,对无机结合料稳定基层取样也可采用 $\phi150mm$ 钻头,均有淋水冷却装置。

(2)路面切割机:手推式或牵引式,由发动机或电力驱动,也可利用汽车动力由液压泵驱动,附金刚石铝片,有淋水冷却装置。

(3)台秤。

(4)盛样器(袋)或铁盘等。

(5)干冰(固体 CO_2)。

(6)试样标签。

(7)其他:镐、铁锨、量尺(绳)、毛刷、硬纸、棉纱等。

2. 试样准备

(1)确定路段。可以是一个作业段、一天完成的路段,或按规定选取一定长度的检查路段。

(2)按《公路路基路面现场测试规程》(JTG E60—2008)附录路基路面随机取样选点的方法确定取样的位置。

(3)将取样位置清扫干净。

3. 试验步骤

(1)在选取采样地点的路面上,先用粉笔对钻孔位置作出标记或画出切割路面的大致面积,切割路面的面积根据目的和需要确定。

(2)钻机牢固安放在取样地点,垂直对准路面放下钻头。

(3)开放冷却水起动电动机,徐徐压下钻杆,钻取芯样,但不得使劲下压钻头。待钻透全厚后,上抬钻杆,拔出钻头,停止转动,不使芯样损坏,取出芯样。沥青混合料芯样及水泥混凝土芯样可用清水漂洗干净备用。

注:当试验需要不能用水冷却时,应采用干钻孔,此时为保护钻头,可先用干冰约3kg 放在取样位置上冷却路面约1h,钻孔时通以低温 CO_2 等冷却气体以代替冷却水。

(4)用切割机切割时将锯片对准切割位置,开放冷却水,起动电动机,徐徐压下锯片到要求深度(厚度),仔细向前推进,到需要长度后抬起锯片,四面全部锯毕后用镐或铁锨仔细取出试样。取得的路面试块应保持边角完整,颗粒不得散失。

(5)采取的路面混合料试样应整层取样,试样不得破碎。

(6)将钻取的芯样或切割的试块,妥善盛放于盛样器中,必要时用塑料袋封装。

(7)填写样品标签,一式两份,一份粘贴在试样上,另一份作为记录备查。

(8)对取样的钻孔或被切割的路面坑洞,应采用同类型材料填补压实,但取样时留下的水分应用棉纱等吸走,待干燥后再补坑。

【检测方法3】 钻芯法

(1)压实沥青混合料面层的施工压实度是指按规定方法采取的混合料试样的毛体积密度与标准密度之比,以百分率表示。

(2)本方法适用于检验从压实的沥青路面上钻取的沥青混合料芯样试件的密度,以评定沥青面层的施工压实度。

1. 仪器准备

(1)路面取芯钻机。

(2)天平:感量不大于0.1g。

(3)溢流水槽。

(4)吊篮。

(5)石蜡。

(6)其他:卡尺、毛刷、小勺、取样袋(容器)、电风扇。

2. 试样准备

(1)钻取芯样。按《公路路基路面现场测试规程》(JTG E60—2008)中"T 0901 路面钻孔及切割取样方法"钻取路面芯样,芯样直径不宜小于 ϕ100mm。

(2)当一次钻孔取得的芯样包含有不同层位的沥青混合料时,应根据结构组合情况用切割机将芯样沿各层结合面锯开分层进行测定。

3. 试验步骤

(1)测定试件密度。

①将钻取的试件在水中用毛刷轻轻刷净黏附的粉尘。如边角有浮松颗粒,应仔细清除。

②将试件晾干或用电风扇吹干不少于24h,直至恒重。

③按现行《公路工程沥青及沥青混合料试验规程》(JTJ 052—2000)的沥青混合料试件密度试验方法测定试件视密度或毛体积密度 ρ_0。当试件的吸水率小于2%时,采用水中重法和表干法测定;当吸水率大于2%时,用蜡封法测定;对孔隙率很大的透水性混合料及开级配混合料用体积法测定。

(2)根据现行的《公路沥青路面施工技术规范》(JTG F40—2004)的规定,确定计算压实度的标准密度。可以分别采用试验室标准密度、最大理论密度和试验段密度三重标准密度。

4. 计算

(1)当计算压实度的沥青混合料的标准密度采用马歇尔击实试件成形密度或试验路段钻孔取样密度时,沥青面层的压实度按式(3-2-7)计算。

$$K = \frac{\rho_s}{\rho_0} \times 100 \qquad\qquad (3\text{-}2\text{-}7)$$

式中:K——沥青面层的压实度,%;

　　ρ_s——沥青混合料芯样试件的视密度或毛体积密度,g/cm³;

　　ρ_0——沥青混合料的标准密度,g/cm³。

(2)由沥青混合料实测最大密度计算压实度时,应按式(3-2-8)进行空隙率折算,作为标准密度,再按式(3-2-7)计算压实度。

$$\rho_0 = \rho_t \times \frac{100 - VV}{100} \qquad (3\text{-}2\text{-}8)$$

式中：ρ_t——沥青混合料的实测最大密度，g／cm³；

ρ_0——沥青混合料的标准密度，g／cm³；

VV——试样的空隙率，%。

（3）计算一个评定路段检测的压实度的平均值、标准差、变异系数，并计算代表压实度。

5. 试验报告

（1）压实度试验报告应记载压实度检查的标准密度及依据，并列表表示各测点的试验结果。

（2）压实度试验报告如表 3-2-2 所示。

沥青混凝土路面压实度试验报告

表 3-2-2

承包单位：　　　　　　　　　　　　　　　　　　　　　　　　　合同号：

监理单位：　　　　　　　混合料类型：　　　　　　　　　　　　编　号：

试样编号	桩号	厚度（cm）	芯样空气中质量（g）	芯样水中质量（g）	体积（cm³）	路面密度（g/cm³）	路面标准密度（g/cm³）	路面压实度（%）
1								
2								
3								
4								
5								
6								

自检说明：

1. 计算

　评定段检测点数 $n =$ 　　　　个；

　压实度平均值 $\bar{K} =$ 　　　　　；

　标准差 $S =$ 　　　　　；

　代表值 $K =$ 　　　　。

2. 评价

监理评语：

3.2.4　实训项目

沥青面层压实度试验检测。

3.2.5　小　　结

为了保证公路与城市道路最大限度地满足车辆运行的要求，提高车速、增强安全性和舒适性，降低运输成本和延长道路使用年限，要求路面具有一系列基本性能。如路面表面要求平整，但不宜光滑。因此，路面技术性能的现场检测是道路工程施工质量管理最重要的内容之一。

复习思考题

1. 沥青抽提试验（燃烧法）试验的目的和步骤是什么？

2. 简述沥青面层压实度试验的目的和步骤。

任务 3.3　沥青路面面层竣工阶段的检测

3.3.1　任务导入

【情境设计】　沥青路面面层工程在竣工阶段的试验检测任务有哪些内容呢？如何进行沥青路面面层工程在施工阶段的试验检测呢？让我们来学一学吧。

3.3.2　任务目的

沥青路面面层工程在竣工阶段的试验检测评定,避免施工过程中质量不合格的产品流入下一道工序,只有保证施工过程中每一道工序的质量才能保证整个工程的质量。

通过沥青路面面层工程在竣工阶段的试验检测,使学生能够对沥青路面面层工程竣工验收阶段涉及的现场检测项目进行检测评定,并科学地评定路面基层的质量。

3.3.3　任务实施

一、检测项目

沥青路面面层工程竣工阶段主要进行试验检测,避免不合格的沥青路面面层工程产生。沥青路面面层工程竣工阶段需检测的项目除了按试验检测频率对准备阶段的项目进行检测外,还需对表 3-3-1 中的项目进行检测。

沥青路面面层工程竣工阶段需检测的项目　　　　　　　表 3-3-1

序号	检 测 项 目	采用规程(标准)
1	弯沉试验检测	
2	平整度试验检测	
3	摩擦系数试验检测	
4	构造深度试验检测	《沥青及沥青混合料试验规程》(JTJ 052—2000);
5	横向力系数试验检测	《公路工程质量检验评定标准(土建工程)》(JTG F80/1—2004)
6	渗水系数试验检测	
7	车辙试验检测	
8	厚度检测	
9	沥青路面面层的质量评定	

二、检测方法

检测项目 1　弯沉试验

路面弯沉是汽车车轮荷载作用下路面表面产生的垂直变形值。它是反映路面整体抗压强度的一个综合指标。目前,我国柔性路面设计方法采用的设计指标之一是路表回弹弯沉,并规定双轮胎轮隙中心处路面表面最大回弹弯沉,应不大于竣工验收弯沉值。

(1)弯沉的基本概念。路面在车轮作用下产生沉降,其总变形值等于总弯沉值。当车轮荷载卸除后,路面便向上回弹,其回弹变形值便是回弹弯沉值,总弯沉与回弹弯沉之差便是残余弯沉。一般总弯沉比回弹弯沉大,表明路面除了产生弹性变形外还产生塑性变形。若总弯沉等于回弹弯沉,表明路面是完全弹性体。若总弯沉小于回弹弯沉,表明路面产生隆起的塑性变形。

弯沉测量的目的是利用弯沉仪量测路面表面在标准荷载作用下的轮隙回弹弯沉值,用做评定路面强度的指标;是通过对路面结构分层测定所得的回弹弯沉值,根据弹性体系垂直位移理论解,反算路面各结构层的材料回弹模量值。

(2)弯沉测量的目的。一是利用弯沉仪量测路面表面在标准轴载作用下的轮隙回弹弯沉值,用做评定路面强度的指标;二是通过对路面结构分层测定所得的回弹弯沉值,根据弹性体系垂直位移理论解,反算路面各结构层的材料回弹模量值。

(3)弯沉测量方法。用弯沉指标来表示路面强度的做法早在 20 世纪 30 年代便开始了。美国在 20 世纪 50 年代研制了贝克曼弯沉梁。我国也仿照贝克曼弯沉梁研制了现在的弯沉仪。为了提高量测精度和解决弯沉量测时支座位移的问题,前苏联、瑞士、法国研制了光学弯沉仪,它的特点是把测点与读数装置分开,消除了支座位移的影响。近年来像日本、丹麦等国研制了动力式落锤弯沉仪,用以量测冲击荷载作用下路面表面的弯沉,它可模拟快速行车对路面的弯沉效应。贝克曼梁法测弯沉属传统方法,速度慢,静态测试,比较成熟,目前属于标准方法。以下主要介绍贝克曼弯沉仪测量法。

随着科学技术的进步,国内外公路现场检测仪器也在不断改进,许多检测新技术已经广泛应用,使得道路工程质量检测的手段更为快捷、准确、简便、安全。

本学习任务还将介绍弯沉检测新技术,包括落锤式弯沉仪和自动弯沉仪;平整度检测新技术,包括激光平整度仪和颠簸累积仪;抗滑性能检测新技术,包括横向力系数测定车和激光构造深度仪;弯沉检测新技术,弯沉是指路基或路面表面在规定的标准车作用下,路基或路面表面轮隙位置产生的总垂直变形,以 0.01mm 为单位,由于弯沉能够代表路基路面整体抵抗垂直变形的能力,测定又比较直观、简便,因此是路基路面现场质量检测的常规项目之一。公路工程质量评定标准中规定:土方路基、沥青混凝土面层、沥青碎石面层、沥青贯入式面层以及沥青表面处治表层的弯沉值均不得超过设计允许值。

常用的测定弯沉的方法有贝克曼梁弯沉仪测定法、自动弯沉测定仪测定法以及落锤式弯沉仪测定法等,本节就自动弯沉测定仪测定法以及落锤式弯沉仪测定法进行介绍。

【检测方法 1】 贝克曼梁法

利用贝克曼梁测定路面回弹弯沉值操作简便,应用广泛,我国路面设计及检测的标准方法和基本参数都是建立在这种试验方法基础之上的,但是,这种试验方法整个测试过程全部由人工操作,因此测试结果受人为因素影响很大,并且测试速度很慢,自动弯沉仪是测定路面弯沉的高效自动化设备,可以对路面进行高密集点的强度测量,适用于路面施工质量控制、尚无坑洞等严重破坏的道路验收检查及旧路面强度评价,以及路面养护管理。

(1)本方法适用于测定各类路基路面的回弹弯沉,用以评定其承载能力,可供路面结构设计使用。

(2)沥青路面的弯沉以路表温度20℃时为准,在其他温度测试时,对厚度大于5cm的沥青路面,弯沉应予以温度修正。

1. 仪器准备

（1）标准车:双轴、后轴双侧 4 轮的载货车,其标准轴荷载、轮胎尺寸、轮胎间隙及轮胎气压等主要参数应符合表 3-3-2 的要求。测试车可根据需要按公路等级选择,高速公路、一级公路及二级公路应采用后轴 10t 的 BZZ—100 标准车;其他等级公路可采用后轴 6t 的 BZZ—60 标准车。

标准轴载车的主要参数表 表 3-3-2

标准轴载等级	BZZ—100	BZZ—60
后轴标准轴载 P（kN）	100 ± 1	60 ± 1
一侧双轮荷载（kN）	50 ± 0.5	30 ± 0.5
轮胎充气压力（MPa）	0.7 ± 0.05	0.5 ± 0.05
单轮传压面当量圆直径（cm）	21.30 ± 0.5	19.5 ± 0.5
轮隙宽度	满足能自由插入弯沉仪测头的测试要求	

（2）路面弯沉仪:由贝壳曼梁、百分表及表架组成。通常由铝合金制成。其前臂（接触路面）与后臂（装百分表）长度比为 2:1。弯沉仪有两种:一种长 3.6m,前后臂分别为 2.4m 和 1.2m;另一种加长的弯沉仪长 5.4m,前后臂分别为 3.6m 和 1.8m。要求刚度高,质量小,精度高,灵敏度高和使用方便。

（3）测试车:采用双轴、后轴双侧 4 轮的载货车,测试车可根据需要按公路等级选择,高速公路、一级公路和二级公路采用后轴为 100kN 的 BZZ—100 型汽车。其他等级公路采用后轴为 60kN 的 BZZ—60 型汽车,并要求轮胎花纹清晰,没有明显磨损。车上所装重物应稳固均匀,汽车行驶时重物不得移动。测试前应对轮胎气压进行检验。

（4）接触式路面温度计。

（5）其他:粉笔、小旗、皮尺、口哨等。

2. 试样准备

（1）检查并保持测定用标准车的车况及制动性能良好,轮胎内胎符合充气压力。

（2）向汽车车槽中装载（铁块或集料）,并用地中衡称量后轴总质量,符合要求的轴重规定,汽车行驶及测定过程中,轴重不得变化。

（3）汽车轮胎着地面积:在平整光滑的硬质路面上用千斤顶将汽车后轴顶起,在轮胎下方放一张新的复写纸,轻轻放下千斤顶,及在方格纸上印上轮胎印痕,用求积仪或数方格的方法,测算轮胎的接地面积 F,准确至 0.1cm^2。

（4）检查弯沉仪百分表测量灵敏情况。

（5）计算后轮的单位面积压力及荷载当量圆直径:

单位面积压力为:
$$p = \frac{P}{2F} \tag{3-3-1}$$

单圆荷载直径:
$$D = \sqrt{\frac{4F}{\pi}} \tag{3-3-2}$$

双圆荷载直径:
$$d = \frac{D}{\sqrt{2}} \tag{3-3-3}$$

（6）当在沥青路面上测定时,用路表温度计测定试验时的气温及路表温度时（一天气温不断变化,应随时检查）,需通过气象台了解前 5d 的平均气温（日最高气温及最低气温的平均值）。记录沥青路面修建或改建时材料、结构、厚度、施工及养护等情况。

3. 试验步骤

（1）在测试路段内布置测点，其距离视测试需要而定。测点应在路面行车道的轮迹带上，并画上标记。

（2）将测试车后轮轮隙对准测点后约 3～5cm 处的位置上。

（3）将弯沉仪插入汽车后轮之间的缝隙处，与汽车的方向一致，轮臂不得碰到轮胎，弯沉仪测头置于测点上（轮隙中心前方 3～5cm 处），并安装百分表于弯沉仪的测定杆上，百分表调零，用手指轻轻叩打弯沉仪，检查百分表是否稳定回零。弯沉仪可以是单侧测定，也可以是双侧测定。

（4）测定者吹哨发令指挥汽车缓缓前进，百分表随路面变形的增加而持续向前转动。当表针转到最大值时，迅速读取初读数 d_1。汽车仍然向前行驶，表针反向回转，待汽车驶出弯沉影响半径（3m 以上）后，吹口哨或挥动指挥红旗，汽车停止。待表针回转稳定后，再次读取终读数 d_2。汽车前进的速度宜为 5km/h 左右。当弯沉仪的杠杆比为 1:2 时，则回弹弯沉值（mm）可表示如下：

$$L_T = 2(d_1 - d_2) \times \frac{1}{100} \tag{3-3-4}$$

（5）记录回弹弯沉测量的结果。

（6）如需测定总弯沉值和残余弯沉值，则应用"后退加荷法"。先将试验车停驻在弯沉影响半径范围以外，在测点先安置好弯沉仪测头，读记百分表读数 d_3。然后指挥试验车缓缓地由前向后倒退至测点，并使弯沉仪测头刚好对准轮胎间隙中心，待百分表稳定后读记数值 d_4，随即指挥汽车向前缓缓驶离测点至影响半径范围之外，待百分表稳定后读记数值 d_5，则

总弯沉为：
$$L_z = 2(d_4 - d_3) \times \frac{1}{100} \tag{3-3-5}$$

回弹弯沉：
$$L_T = 2(d_4 - d_5) \times \frac{1}{100} \tag{3-3-6}$$

残余弯沉：
$$L_e = L_z - L_T \tag{3-3-7}$$

（7）弯沉仪的支点变形修正。

①当采用 3.6m 的弯沉仪对半刚性基层沥青路面、水泥混凝土路面等进行弯沉测试时，有可能引起弯沉仪支座处变形，因此应检验支点有无变形。用另一台检验用的弯沉仪安装在检测用的弯沉仪后方，其测点架于测定用的弯沉仪的支点旁。当汽车开动时，同时读取两台弯沉议的读数，如检验用的弯沉仪百分表有读数，则应记录并进行支点变形修正。

②当采用长 5.4m 的弯沉仪测定时，可不进行支点变形修正。进行弯沉仪支点变形修正时，路面测点的回弹弯沉值按下式计算：

$$L_T = (L_1 - L_2) \times 2 + (L_3 - L_4) \times 6 \tag{3-3-8}$$

式中：L_1——车轮中心临近弯沉仪测头时测定用弯沉仪的最大读数，0.01mm；

L_2——汽车驶出弯沉影响半径后测定用弯沉仪的终读数，0.01mm；

L_3——车轮中心临近弯沉仪测头时检验用弯沉仪的最大读数，0.01mm；

L_4——汽车驶出弯沉影响半径后检验用弯沉仪的终读数，0.01mm。

适用于测定用弯沉仪支座处有变形，但百分表架处已无变形的情况。

（8）温度修正。沥青面层厚度大于 5cm 且路面温度超过 20℃±2℃范围时，回弹弯沉值应

进行温度修正,温度的修正有两种方法。

①查图法。测定时的沥青层平均温度按式(3-3-9)计算。

$$T = (T_{25} + T_m + T_e)/3 \tag{3-3-9}$$

式中:T——测定时沥青层平均温度,℃;

T_{25}——根据 T_0 由图决定的路表下 25mm 处的温度,℃;

T_m——根据 T_0 由图决定的沥青层中间深度的温度,℃;

T_e——根据 T_0 由图决定的沥青层地面处的温度,℃。

T_0 为测定时路表温度与测定前 5d 日平均气温的平均值之和,平均气温为日最高气温与最低气温的平均值。

不同基层的沥青路面弯沉值的温度修正系数 K,根据沥青平均温度 T 及沥青层厚度,分别由图求取。

沥青路面回弹弯沉按式(3-3-10)计算。

$$L_{20} = L_T \times K \tag{3-3-10}$$

式中:K——温度修正系数;

L_{20}——换算为 20℃ 的沥青路面回弹弯沉值,0.01mm;

L_T——测定时沥青面层内平均温度为 T 时的回弹弯沉值,0.01 mm。

②经验计算法。测定时沥青面层平均温度 T 的经验公式如式(3-3-11)所示。

$$T = a + bT_0 \tag{3-3-11}$$

式中 a、b 按下式取值:

$$\begin{aligned} a &= -2.65 + 0.52h \\ b &= 0.62 - 0.008h \end{aligned} \quad (h \text{ 为沥青面层厚度}) \tag{3-3-12}$$

T_0——测定时路表温度与测定前 5d 日平均气温的平均值之和,℃。

弯沉温度修正系数经验公式如式(3-3-13)、式(3-3-14)所示。

当 $T \geqslant 20℃$ 时
$$K = e^{h(\frac{1}{T_1} - \frac{1}{20})} \tag{3-3-13}$$

当 $T < 20℃$ 时
$$K = e^{0.002h(20 - T_1)} \tag{3-3-14}$$

(9)测试数据的整理与计算。在确定原有路面计算弯沉值中,在同一段落内各测点的弯沉值比较接近且每车道不少于 20 点;各段的最小长度应与施工方法相适应,一般不小于500m,机械化施工不小于 1km 的要求,且土基干湿类型和土质应相同,将全线进行段落划分,统计计算各段的计算参数,如以下各式所示:

①平均弯沉值 $\bar{L}_0$:
$$\bar{L}_0 = \frac{1}{n} \sum_{i=1}^{n} L_i \tag{3-3-15}$$

②标准偏差 S:
$$S = \sqrt{\frac{\sum_{i=1}^{n}(L_i - \bar{L}_0)^2}{n - 1}} \tag{3-3-16}$$

③变异系数 C_V:
$$C_V = \frac{S}{\bar{L}_0} \times 100\% \tag{3-3-17}$$

④代表弯沉 L:
$$L = \bar{L}_0 + Z_\alpha S \tag{3-3-18}$$

式中:L——路段的代表弯沉值,0.01 mm;

$\bar{L}_0$——路段内原有路面的平均弯沉值,0.01 mm;

S——弯沉值的均方差,0.01 mm;

Z_α——与保证率有关的系数,高速公路、一级公路取 2.0,二级公路取 1.645,二级以下公路取 1.5。

4. 试验注意事项

(1)沥青面层的弯沉值,测定时的路表温度对其有明显影响,应进行温度修正。当沥青层厚度小于或等于 5cm 时,或路表温度在 20℃ ±2℃ 范围内,可不进行温度修正。

(2)当进行检验验收时,弯沉值要求在通车后的第一个不利季节测定,北方为春融季节,南方为梅雨季节。当在非不利季节测定时,考虑季节影响系数,不同地区取值范围为 1.2 ~ 1.4,各地可根据经验确定。

(3)路面设计弯沉根据设计年限内一个车道上预测通过的累计当量轴次、公路等级、面层和基层类型来确定路面弯沉设计值。

【检测方法 2】 自动弯沉仪法

汽车在整个测试过程中应保持在规定的速度范围内稳定行驶,标准的行车速度应为 3.0 ~ 3.5km/h。在标准速度下的测试步距不应大于 10m。

(1)工作原理。自动弯沉仪的工作原理与贝克曼梁的原理相同,都是采用简单的杠杆原理。自动弯沉仪测定车在检测路段以一定的速度行驶,将安装在测试车前后轴之间底盘下的弯沉测定梁放到车辆底盘的前端并支于地面保持不动,当后轴双轮轮隙通过测头时,弯沉通过位移传感器等装置被自动记录下来,这时,测定梁被拖动,以两倍的汽车速度拖到下一测点,周而复始地向前连续测定,通过计算机输出弯沉检测统计计算结果。

(2)使用技术要点。

①自动弯沉仪作长距离移动时,应根据路况把一些通过能力影响比较大的组件、部件拆下来,待移动到测量工地时再进行安装调试。

②为了保证系统转换板与位移传感器的测量精度,应对自动弯沉仪进行标定。

③自动弯沉仪所采集的数据存储于计算机中,输入有关信息和参数后,可以显示出左右双侧的弯沉峰值、距离和温度等,计算出平均值、标准差和代表弯沉值。

在测定时,随着打印机输出的同时,应将数据用文件方式同时记录在磁带或硬盘上,长期保存。通过计算机输出计算结果,即每一个计算区间的平均总弯沉值、标准差、代表总弯沉值,例如,对国道 312 线 K4 091 + 100 ~ K4 091 +400 段实测如表 3-3-3 所示。

国道 312 线 K4 091 + 100 ~ K4 091 +400 段实测记录表　　　　表 3-3-3

记录号	路线号	公里桩	百米桩	平均总弯沉值(0.01mm)	标准差(0.01mm)	代表总弯沉(0.01mm)
1	312	4 091	100	41	19.256	79
2	312	4 091	200	45	9.916	65
3	312	4 091	300	55	18.442	92
4	312	4 091	400	57	12.739	82
5	312	4 091	500	42	9.096	60

注:本表计算区间为 100m,代表总弯沉按平均总弯沉加 2 倍标准差计算。

测定结果应按计算区间输出计算结果,计算区间长度可根据公路等级和测试要求确定,标准的计算区间为 100m。

应当注意,自动弯沉仪测定的是总弯沉,所以与贝克曼梁测定的回弹弯沉值有所不同,可以通过自动弯沉仪总弯沉与贝克曼梁回弹弯沉的对比试验,得到两者的相互关系,换算为回弹弯沉,用于路基、路面强度评定,另外,当路面严重损坏、不平整、有坑槽时,测定设备有可能损

坏,或者当平曲线半径过小时,都不能进行检测。具体做法如下:

①采用同一辆自动弯沉仪测定车,使测定车型、荷载大小和轮胎作用面积完全相同;

②用油漆标记对比路段起点位置;

③用自动弯沉仪测定车测定,同时仔细用油漆标出每一测点的位置;

④在每一标记的位置用贝克曼梁测定回弹弯沉,测定范围准确至 $10cm^2$ 以内;

⑤逐点对应计算两者的相关关系,得出回归方程 $L_B = a + bL_A$,式中,L_B、L_A 分别为贝克曼梁和自动弯沉仪测定的弯沉值,相关系数不应小于 0.90。

1. 仪器准备

(1)自动弯沉仪测定车:洛克鲁瓦型,由测试汽车、测量机构、数据采集处理系统三部分组成。它安装在测试车底盘下面,测臂夹在后轴轮隙中间,汽车运行时测量机构提起,离开路面。

(2)自动弯沉仪测定车的主要技术参数如下:

测试车轴距:6.75m;

测臂长度:1.75~2.40m;

后轴荷载:100kN;

测定轮对路面的压强:0.7MPa;

最小测试步距:4~10m;

测试精度:0.01mm;

测试速度:1.5~4.0km/h。

2. 试样准备

(1)将自动弯沉仪测定车开到检测路段的测定车道(一般为行车道)上,测点应在路面行车道的轮迹带上。

(2)汽车到达测试地点第一个测点位置后,按照下列步骤放下测量机构:

①关闭汽车发动机;

②松开离合器转盘;

③放下测量头,测量头位于测定梁(后轴)前方的一定距离上;

④放下后支点,勾好手把;

⑤放下测量架,销好把手;

⑥放下导向机构;

⑦插上仪器与汽车的连接销杆或开动液压转向同步系统;

⑧检查钢丝绳一定要在离合器的槽内。

(3)起动汽车发动机,在操作盘上按动离合器开关,竖测量机构于最前端。

3. 试验步骤

(1)开始测试时,汽车以一定的速度行进,测量头连续检测汽车后轴左右轮隙下产生的路面瞬间弯沉。通过测定梁支点的位移传感器将位移转换为电信号,并传送到数据记录器,待汽车后轮通过测量头后,监程器上显示弯沉盆或弯沉峰值,打印机输出弯沉峰值及测定距离。

(2)当第一点测定完毕后,车辆前面的牵引装置以两倍于汽车行进速度的速度把测量机构拉到测定轮前方,汽车继续行进,达到下一个测点时,开始第二点测定,周而复始地向前测定。汽车在整个测试过程中应保持在规定的速度范围内稳定行驶,标准的行车速度应为3.0~3.5km/h。在标准速度下的测试步距不应大于10m。

(3)测定结束后,汽车停止前进,按下列步骤收起测量机构:

①先提起导向机构；

②提起测量架机构；

③提起后支点；

④最后挂起测头。

4. 数据处理

测定结果应按计算区间输出计算结果,计算区间长度可根据公路等级和测试要求确定,标准的计算区间为100m。

在测定时,随着打印机输出的同时,应将数据用文件方式同时记录在磁带或硬盘上,长期保存。通过计算机输出计算结果,即每一个计算区间的平均总弯沉值、标准差、代表总弯沉值。

测定结果应按计算区间输出计算结果,计算区间长度可根据公路等级和测试要求确定,标准的计算区间为100m。

【检测方法3】 落锤式弯沉仪法

利用贝克曼梁方法测出的回弹弯沉是静态弯沉。因为汽车行进速度很慢,所测得的弯沉也接近静态弯沉。为了模拟汽车快速行使的实际情况,不少国家开发了动态弯沉的测试设备。落锤式弯沉仪(Falling Weight Deflectometer,简称FWD)模拟行车作用的冲击荷载下的弯沉测量,计算机自动采集数据,速度快,精度高。近几年来,采用落锤式弯沉仪FWD测定路面的动态弯沉,并用来反算路面的回弹模量,已经成为世界各国道路界的热门课题,这种设备特别适用于高等级公路路面的弯沉测量和承载能力评定。落锤式弯沉仪是目前国际上最先进的路面强度无损检测设备之一。

落锤式弯沉仪(简称FWD)分为拖车式和内置式。拖车式便于维修和存放,内置式则较小巧、灵便。落锤式弯沉仪由荷载发生装置、弯沉检测装置、运算及控制装置及车辆牵引装置等组成。

(1)工作原理。将测定车开到测定地点,通过计算机控制下的液压系统,起动落锤装置,使一定质量的落锤从一定高度自由落下,冲击力作用于承载板上,并传递到路面,导致路面产生弯沉,分布于距测点不同距离的传感器检测结构层表面的变形,记录系统信号输入计算机,得到路面弯沉及弯沉盆。所需仪器设备如下:

①一辆Dynatest 8002 FWD拖车(负荷范围7~120kN,9个位移传感器,安装在2.45m升降杆内可移动传感器座内,适应的环境温度应为-20~+55℃)。

②一台Dynatest Compact 15内置处理器。

③一个控制操作盒(放置于牵引车内,连接制动警告信号。附加的警灯及控制拖车电气开关的闭合)。

④一台IBM兼容计算机,具有Windows R操作系统的笔记本电脑。

⑤FWD Win现场采集软件。基于测定结果及结构信息(层厚)可反算三层的各层模量,最上面层模量可计算得出或输入,刚性层厚度可计算得出或输入。

⑥一辆牵引车,顶部安装警示闪光灯,测试期间防止交通事故,车内应配置安放计算机的小桌,应装空调,使其温度低于40℃;牵引车后部开一合适小孔,以便网线可方便通过,使计算机与拖车连接。

(2)性能说明。

①所测弯沉绝对精度小于$2\% \mu m \pm 2 \mu m$,典型的相对精度为$1\% \mu m \pm 1 \mu m$。设备的分辨率为$1\mu m$(弯沉)。

②所测荷载精度为小于2%kN±0.3kN,分辨率为(对荷载)0.03~0.2kN。

通过调节锤重和落高调整冲击荷载大小。例如,我国路面设计标准为BZZ—100,落锤质量应选为5t,因为承载板直径为30cm,对路面的压强正好为0.7MPa。

③在测试路段的路基或路面各层表面布置测点,其位置和距离随测试需要而定,如果测定路表面,测点应布置在行车车道的轮迹带上。测试时,也可利用距离传感器定位。

④测试前应对位移传感器进行标定,使之达到规定的精度。

⑤检测时,拖车落锤弯沉仪牵引速度最大可达80km/h,根据我国的实际情况,牵引速度以50km/h为宜,内置式落锤弯沉仪最高时速大于100km/h,每小时可测65点。

⑥传感器分布位置为:一个位于承载板中心,其余布置在传感器支架上。路面结构不同,弯沉影响半径也不同。路基或柔性基层沥青路面传感器分布在距荷载中心2.5m范围内即可。目前,我国高等级公路大多采用半刚性基层沥青路面结构,弯沉影响半径已达3~5m,传感器分布范围应布置在距荷载中心3~4m范围内,以测量路面弯沉盆形状。

落锤式弯沉仪的弯沉检测装置操作方式为计算机控制下的自动测量,所有测试数据均可显示在屏幕上或打印出来或储存在软盘上,可以输出作用荷载、弯沉(盆)、路表温度、测点间距等;可打印弯沉平均值、标准差、变异系数以及代表弯沉值等数据。

应当注意,落锤式弯沉仪所测弯沉为动态总弯沉,与贝克曼梁所测的静态弯沉不同,一般通过对比试验,得到两者之间的关系,然后根据这个关系将落锤式弯沉仪所测动态总弯沉换算成贝克曼梁所测的静态弯沉。

(3)采用落锤式弯沉仪DYNATEST 8000 FWD测试系统进行测试,本方法适用于标准质量的重锤落下一定高度发生的冲击荷载作用下,测定路基或路面表面所产生的瞬时变形,即测定在动态荷载作用下产生的动态弯沉及弯沉盆,可反算路基路面各层材料的动态弹性模量,作为设计参数使用。可用于评定道路承载能力,调查水泥混凝土路面的接缝的传力效果,探测路面板下的空洞等。

1. 仪器准备

(1)荷载发生装置:重锤的质量及落高根据使用的目的与道路的等级选择,荷载由传感器测定。如无特殊需要,重锤的质量为200kg±10kg,可采用产生50kN±2.5kN的冲击荷载,承载板宜为十字对称分开四部分,且底部固定有橡胶片,承载板是直径为300mm的四分式扇形。

(2)弯沉检测装置:由5~7个高精度位移传感器组成,自中心开始,承载板沿道路纵向设置,隔开一定距离布设一组传感器,传感器总数根据需要及设备性能决定。

(3)运算及控制装置:能在冲击荷载作用的瞬间内,记录冲击荷载及各个传感器所在位置测点的动态变形。

(4)牵引装置:牵引DWF并安装运算及控制装置等的车辆。

2. 试样准备

(1)选择结构类型完全相同、长度300~500m的路段进行两种测定方法的对比试验,以便将落锤式弯沉仪测定的弯沉换算成贝克曼梁测定的回弹弯沉值。

(2)采用与实际使用相同且符合要求的落锤式弯沉仪及贝克曼梁弯沉仪测定车,落锤式弯沉仪的冲击荷载应与贝克曼梁弯沉仪测定车的后轴双轮荷载相同。

(3)用油漆标记对比路段起点位置。

(4)检查全部轮胎压力,需要时进行调整。确定升降杆前端已通过一个锁定销被锁定,确定加载板位置,并且所有的运输锁定已经扳到两边以及它们的锁定位置,确定拖车手制动器完全释放。

（5）将拖车前方的车钩与牵引车后的车钩球扣平，确定拖车的舌状栓完全锁住球，系上惯性制动器安全线缆至牵引车钩球上。

（6）提升并紧固 FMD 前支撑轮。

（7）连接拖车 2 芯凸行电源线插头至牵引车后部相应凹行电源输出插座。

3. 试验步骤

（1）到达测试地点后，连接计算机，使用网线将 CP15 处理器与计算机连接，使用标准 CP15 屏蔽电缆 CP15 处理器上的以太网 RJ45 插座与控制操作盒上的"CP15"RJ45 插座连接，连接计算机电源。

（2）启动计算机，并等待，直至准备好 CP15 控制器，等待一分钟左右，进入现场采集软件的手动控制项目中；选择升盘，拖车加载盘升起后，将升降杆前端的锁定销移至最上面的锁眼，将加载板下的运输锁定打开；通过手动控制，使重锤在不同高度落下，计算机自动计算并控制落高，使其产生的冲击荷载符合要求。

（3）测试。将 FWD 牵引至测定位置，放下牵引车手制动器，点击开始，进行此点测试。承载盘及各位移传感器自动落下与地面接触，荷载锤自动提升至前面标定高度并自由落下，冲击力作用于承载板上，又立即自动提升至原来位置，同时，各个传感器检测结构层表面变形，记录系统将位移信号输入计算机，得到路面弯沉。每一个测点重复测定应不少于 3 次，除去第一个测定值，取以后几个测定值的平均值，作为计算依据（拖车自带温度传感器，计算机对温度自动进行修正）。

（4）测定完毕后，将自动提起传感器及承载板，牵引车向前移动至下一个测点，重复上述步骤进行测定。

（5）用贝克曼梁弯沉仪测定回弹弯沉，测定车开走后，用粉笔以测点为圆心，在周围画一个半径为 15cm 的圆，标明测点位置。

（6）将落锤式弯沉仪的承载板对准圆圈，位置偏差不超过 30mm，测定弯沉。两种仪器对同一点弯沉测试的时间间隔不应超过 10min。

（7）逐点对应计算两者的相关关系，得出回归方程，$L_B = a + bL_{FWD}$，式中，L_B、L_{FWD} 分别为落锤式弯沉仪和贝克曼梁测定的弯沉值，相关系数不应小于 0.90。

4. 注意事项

采用落锤式弯沉仪 FWD 测定路面的弯沉时应注意：

（1）在测试途中驾驶前进时，不要打开或关闭计算机，不要使计算机进行复位启动，可能使液压系统失去控制。

（2）使用 FWD 可能会出现以下几种情况：

①重锤会出乎意料地落下。

②液压油可能会在高压泄露。

③液压泄露可能使加载板组件落至地面。

（3）操作员应特别注意以下几点：

①尽量避开 FWD。

②确定没有其他人接近。

③不要接近或在缓冲器冲击板放置一些物体，如工具。

④不要使重锤上升至下落状态。

⑤避免重锤组件升起及未锁定。

⑥维修期间要支撑起落锤或落锤组件。

5.路基路面回弹弯沉值的评定

(1)弯沉值每一车道评定路段(不超过1km)检查80～100个点,多车道公路必须按车道数与双车道之比,相应增加测点。各段最小长度应与施工方法相适应,土基干湿类型和土质应相同,统计、计算各段的计算参数。

(2)计算每一个评定路段的代表弯沉值。

(3)计算平均值和标准差时,可将超过的弯沉值舍弃。对舍弃的弯沉值过大的点,应找出其周围界限,进行局部处理。用两台弯沉仪同时进行左右轮弯沉值测定时,应按两个独立测点计,不能采用左右两点的平均值。

(4)弯沉代表值不大于设计要求的弯沉值时得满分;大于时得零分。沥青混凝土路面高速公路、一级公路满分15分,其他公路满分20分。

检测项目2 平整度检测

路面平整度是评价路面使用品质和施工质量优劣的重要指标,路面平整度是以几何平面为基准,以规定的标准,间断地或连续地测定路面的表面纵、横方向的凸凹量,它是一个整体性指标,又是衡量工程质量及现有路面破坏程度的一个重要指标。它不仅影响汽车行驶条件、汽车的动力作用、行驶速度、轮胎消耗、燃料和润滑油的消耗及运输成本,而且还影响着路面的使用年限。因此必须对路面的平整度给予高度重视。

路面的平整度与路面各结构层次的平整状况有一定的联系,不平整的表面将会增大行车阻力,造成行车颠簸,影响行车的速度与安全;同时,对路面施加冲击力,且不平整的表面会积滞雨水,加速路面的破坏,平整度检测是公路施工与养护的非常重要的环节。平整度的测试设备分为:断面类,测路面表面凹凸状况,用3m直尺或连续式平整度仪测定;反应类,测由于路面凹凸引起的车辆颠簸,是舒适性指标,用车载式颠簸累积仪测定。

常用的测定方法有3m直尺测定法、颠簸累积仪测定法和激光平整度测定仪等方法,用3m直尺测定路面平整度,虽然简单、直观,但是测试速度太慢,所用劳动力过多。连续式平整度仪的测试速度虽然比3m直尺速度快,但是工作效率并不高。目前颠簸累积仪是应用最广泛的反映类设备,激光平整度测定仪则是最先进的断面类设备。

(1)平整度检测的意义。路面平整度是评定路面使用品质的重要指标之一,它也是一个整体性指标,又是衡量路面质量及现有路面破坏程度的一个重要指标。它是指以规定的标准量规,间断地或连续地量测路表面的凹凸情况,即不平整度的指标。它直接关系到行车安全以及车辆的通行能力和运营的经济性,还影响着路面的使用年限。

路面不平使车辆在行驶中产生行驶阻力和振动,行驶阻力消耗车辆的功率并且影响车辆动力系统和传动系统的寿命。而在冲击下产生的振动,直接影响了车辆平顺性、乘坐舒适性以及承载系统的可靠性和使用寿命。同时,阻力和振动也对车速和操纵稳定性产生影响。所以,路面平整度是运行环境中的主要因素。另外,路面的平整度对车辆营运费用有较多影响。

(2)平整度检测的目的。测量路面平整度指标,一是为了检查控制路面施工质量与验收路面工程,二是根据测定的路面平整度指标以确定养护维修计划。

(3)平整度检测的测试方法与仪器。路面平整度包括纵断面和横断面两个方面。测定平整度的仪器种类繁多,国外这方面从最初的直尺式测定仪发展成为可以记录行车道真实断面形状的横断面记录仪,如芬兰、日本、荷兰等国家研制了车辙深度量测仪。后来又研制了纵断面测定仪,如多轮式纵断面仪、斜率纵断面仪和美国通用汽车公司研制的 GMR 纵断面仪。国内除了 3m 直尺外,还有 JLP—80N 型间断式路面平整度仪(西安公路科研所和南京交通试验仪器厂生产的一种自行车携带的直尺式监测仪),东南大学试制的仿前苏联式测振仪,辽宁锦州郊区公路段研制成的 CPJ—S 型路面平整度检测仪,以及西安东风仪表厂生产的 XLPY—E 型连续式平整度仪。下面介绍国内最常用的测试平整度的方法:3m 直尺法和连续平整度仪法。

【检测方法1】 3m 直尺法

3m 直尺测定平整度试验方法用于测定压实成形的路面各层表面的平整度,以评定路面的施工质量及使用质量,也可用路基表面成形后的施工平整度检测。

在我国通常称作"3m 直尺",这是因为我们采用的直尺长度是 3m,其实直尺并不限于 3m,有一种采用 4m 直尺连续测量的方法。测量的第一步,直尺前后着地并出现前后两个间隙,测取两个间隙的读数;测量的第二步,直尺只向前移动 2m,使本次测量的路段和上次测量路段有 2m 的重合。这一次的直尺前端翘起,所以不测量前端的间隙,只测量后部的间隙;测量的第三步,直尺又向前移动 2m,直尺的前后均着地,与第一步不同,最大间隙只有一个,所以只测取该间隙;测量的第四步,直尺仍然向前移动 2m,直尺的前后均不着地,所以前后均不测量,只测中点一处的间隙。

3m 直尺测定法有单尺测定最大间隙及等距离(1.5m)连续测定两种,前者常用于施工时质量控制和检查验收。单尺测定时要计算出测定段的合格率,等距离连续测试也可用于施工质量检查验收,但要算出标准差,用标准差来表示平整程度,它与用 3m 连续式平整度仪测定的路面平整度有较好的相关关系。

(1)3m 直尺测定法的特点是设备简单,结果直观,间断测试,工作效率低,用直尺与路面之间的最大间隙 $h(mm)$ 反映凹凸程度。

(2)目的和适用范围。

①用于测定压实成形的路面各层表面的平整度,以评定路面的施工质量及使用质量,也可用路基表面成形后的施工平整度检测。

②本方法规定用 3m 直尺测定距离路表面的最大间隙表示路基路面的平整度,以 mm 计。

③本方法适用于测定压实成形的路面各层表面的平整度,以评定路面的施工质量及使用质量,也可用于路基表面成形后的施工平整度检测。

1. 仪器准备

(1)3m 直尺:由铝合金制造,长度 3m,底边平直,上边装有两个把手,便于使用时握住。

(2)楔形塞尺:木或金属制的三角形塞尺,有手柄。塞尺的长与高度之比不小于 10,宽度不大于 15mm,边部有高度标记,刻精度不小于 0.2mm,也可使用其他类型的量尺。

(3)其他:皮尺或钢尺、粉笔等。

2. 试样准备

(1)在测试路段上选择测点,当为施工过程中质量检测时,按需要可单杆检测。

(2)当为路基路面工程质量检查验收或进行路况评定时,应首尾相接连续测量 10 尺,以行车道一侧车轮轮迹(距车道线 80～100mm)为标准测量位置,测量频率为每 200m 测 2 处 × 10 尺。

(3)对旧路已形成车辙的,以车辙中间位置为测定位置,用粉笔做好标记。

3. 试验步骤

（1）在施工过程中检测时，根据需要确定的方向，将3m直尺摆在测试地点的路面上。

（2）目测3m直尺底面与路面之间的间隙情况，确定间隙为最大的位置。

（3）用有高度标线的塞尺塞进间隙处，量记其最大间隙的高度（mm），准确至0.2mm。

（4）施工结束后检测时，按现行《公路工程质量检验评定标准（土建工程）》（JTG F80/1—2004）规定，每1处连续检测10尺，按上述（1）～（3）的步骤测记10个最大间隙。

（5）结果整理。

①单杆检测时，以最大间隙为测定结果，应随时记录测试位置及检测结果。

②连续测10尺时，判定每个测值是否合格，计算合格百分率及10个最大间隙的平均值。当合格率≥95%时为满分，<70%时为零分，在二者之间的用内插法计算得分。

③沥青路面平整度的规定值：沥青混凝土面层及沥青碎石面层，最大间隙5mm。规定分：高速公路、一级公路为15分，其他公路20分。沥青贯入式面层，最大间隙8mm，规定分：20分。沥青表面处治，最大间隙10mm，规定分：20分。

【检测方法2】 连续式平整度仪法

（1）本方法规定用连续式平整度仪量测路面的不平整度的标准差（σ），以表示路面的平整度，以mm计。

（2）本方法适用于测定路表面的平整度，评定路面的施工质量和使用质量，不适用于在已有较多坑槽、破损严重的路面上测定。

1. 仪器准备

（1）连续式平整度仪：除特殊情况外，连续式平整度仪的标准长度为3m，其质量应符合仪器标准的要求。中间为一个3m长的机架，机架可缩短或折叠，前后各有4个行车轮，前后两组轮的轴间距离为3m。机架中间有一个能起落的测定轮。机架上装有蓄电池电源及可拆卸的检测箱，检测箱可采用显示、记录、打印或绘图等方式输出测试结果。测定轮上装有位移传感器、距离传感器等检测器；自动采集位移数据时，测定间距为10cm，每一计算区间的长度为1m，输出一次结果。当为人工检测、无自动采集数据及计算功能时，应能记录测试曲线。机架头装有一牵引钩及手拉柄，可用人力或汽车牵引。

（2）牵引车：小面包车或其他小型牵引汽车。

（3）皮尺或测绳。

2. 试样准备

（1）选择测试路段。

（2）当为施工过程中质量检测需要时，测试地点根据需要决定；当为路面工程质量检查验收或进行路况评定需要时，通常以行车道一侧车轮轮迹带作为连续测定的标准位置。对旧路已形成车辙的路面，取一侧车辙中间位置为测定位置。当以内侧轮迹带（IWP）或外侧轮迹带（OWP）作为测定位置时，测定位置距车道标线80～100cm。

（3）清扫路面测定位置处的脏物。

（4）检查仪器检测箱各部分是否完好、灵敏，并将各连接线接妥，安装记录设备。

3. 试验步骤

（1）将连续式平整度测定仪设置于测试路段路面起点上。

（2）在牵引汽车的后部，将平整度的挂钩挂上后，放下测定轮，起动检测器及记录仪，随即起动汽车，沿道路纵向行驶，横向位置保持稳定，并检查平整度检测仪表上测定数字显示、打印、记录的情况。如遇检测设备中某项仪表发生故障,即须停止检测。牵引平整度仪的速度应保持匀速,速度宜为5km/h,最大不得超过12km/h。

在测试路段较短时,亦可用人力拖拉平整度仪测定路面的平整度,但拖拉时应保持匀速前进。

4. 计算

(1)连续式平整度测定仪测定后,按每10cm间距采集的位移值自动计算每100m计算区间的平整度标准差(mm),还可记录测试长度(m)、曲线振幅大于某一定值(如3mm、5mm、8mm、10mm等)的次数、曲线振幅的单向(凸起或凹下)累积值及以3m机架为基准的中点路面偏差曲线图,计算打印。当为人工计算时,在记录曲线上任意设一基准线,每隔一定距离(宜为1.5m)读取曲线偏离基准线的偏高位移值d_i。

(2)计算每一计算区间的路面平整度以及该区间测定结果的标准差。计算一个评定路段内各区间平整度标准差的平均值、标准差、变异系数。

5. 试验报告

试验应列表报告每一个评定路段内各测定区间的平整度标准差、各评定路段平整度的评定值、标准差、变异系数以及不合格区间数。

【检测方法3】 激光平整度测定仪法

激光路面平整度测定仪是一种与路面无接触的测量仪器,测速快、精度高,这种仪器还可以同时进行路面纵断面、横坡、车辙等测量,因此也被称为激光路面断面测试仪。

应当注意,不能直视激光孔或观察通过抛物面或镜面反射回来的激光束,防止损伤眼睛。只能通过红外线显卡或光谱变换眼镜才可以观察光束是否存在。

1. 仪器准备

(1)激光平整度测定仪:是一台装备有激光传感器、加速度计和陀螺仪的测试车,它同时具备先进的数据采集和处理系统。

(2)仪器备有下列四档程序:

①校准程序(CALIBRATION)或厂家调试程序。

②大孔隙或粗糙度大的路面测量程序(TEXTURE HRA)。

③一般路面测量程序(TEXTURE)。

④传感器校核程序(SENSOR CHECK)。

2. 试样准备

将激光平整度测定仪处于待测工作状态(READY)。

3. 试验步骤

(1)按照设备使用说明规定的预热时间对测试系统预热。

(2)测试车停在测试起点前50~100m处,启动测试系统程序,按照设备操作手册的规定和测试路段的现场技术要求设置所需的状态。

(3)驾驶员应按照设备操作手册要求的测试速度范围驾驶测试车,避免急加速和急减速,急弯路段应放慢车速,沿正常行车轨迹驶入测试路段。

(4)测试人员启动系统的采集和记录程序,在测试过程中必须及时、准确地将测试路段和起终点和其他需要特殊标记的位置输入测试数据记录中。

【检测方法4】 车载式颠簸累积仪

车载式颠簸累积仪测定路面的平整度速度快、操作简便,可用其检测结果评定路面施工质量和使用期的舒适性。

（1）工作原理。测试车以一定的速度在路面上行驶,路面上的凸凹不平引起汽车的激振,通过机械传感器可测量后轴同车厢之间的单向位移累积值 VBI,以 cm/km 为单位,VBI 值越大,说明路面平整度越差,乘车时越不舒服。

（2）使用技术要点。

①仪器安装应准确、牢固、便于操作。

②因为颠簸累积值的大小与测试车的底盘悬挂性能有关,仪器安装后必须进行标定。

③测试时,只要向计算机输入有关信息及命令,就可自动采集数据。

④检测结果与测试车机械系统的振动特性和车辆行驶速度有很大的关系,因此必须通过对机械的保养和检测时严格控制车速来保持测定结果的稳定性。

例如:××公路 K4 220 +000 ~ K4 221 +000 段的实测结果列于表3-3-4。

××公路 K4 220 +000 ~ K4 221 +000 段实测结果　　　　　　　　表 3-3-4

桩　　　号	测试距离 （m）	国际平整度指数 （m/km）	标准差 （mm）	行驶质量指数	颠簸累积值 （cm/km）	测试速度 （km/h）
K4 220 +000	100	1.41	0.85	10.00	65	49
	200	1.39	0.83	10.00	64	50
	300	1.17	0.70	10.00	54	52
	400	1.19	0.71	10.00	55	52
	500	1.26	0.75	10.00	58	51
	600	1.14	0.69	10.00	53	50
	700	0.90	0.54	10.00	42	51
	800	1.77	1.06	10.00	81	51
	900	1.17	0.70	10.00	54	52
	1 000	0.87	0.52	10.00	41	53

应该注意本方法适用于测定路面表面平整度,以评定路面的施工质量和适用期的舒适性,不适用于在已有较多坑槽、破损严重的路面上测定。

用车载式颠簸累积仪测定的 VBI 值与其他平整度指标进行换算时,应将车载式颠簸累积仪的测试结果进行评定,即与相关的平整度仪测量结果建立相关关系,相关系数均不得小于0.90。

1. 仪器准备

（1）颠簸累积仪:由机械传感器、数据处理器及微型打印机组成,传感器固定在测试车底板上。

（2）测试车:旅行车、越野车或小轿车。

2. 试样准备

（1）汽车停在测量起点前约 300 ~ 500m 处。

（2）打开数据处理器的电源,打印机打印出“VBI”等字头,在数码管上显示“P”字样,表示仪器已经准备好。

（3）在键盘上输入测试年、月、日,然后按"D"键,打印机打印出测试日期。

（4）在键盘上输入测试路段编码后按"C"键,路段编码即被打出。

（5）在键盘上输入测试路段起点公里桩号及百米桩号,然后按"A"键,起点桩号即被打出。

（6）发动汽车向被测路段驶去,逐渐加速,保证在到达测试起点前稳定在选定的测试速度范围内,但必须与标定时的速度相同,然后控制测试速度的误差不超过 ±3km/h。除了特殊要求外,标准的测试速度为 32km/h。

3. 试验步骤

（1）到达测试起点时,按下开始测量键"B",仪器即开始自动累积被测路面的单向颠簸值。

（2）当到达预定测试终点时,按所选的测试路段计算区间长度相对应的数字键,将测试路段的颠簸累积值换算成以公里计的颠簸累积值打印出来。

（3）连续测试。

（4）测试结果:常规路面调查一般可取一次测量结果,如属重要路面评价测试,与前次测试结果有较大差别时,应重复测试 2~3 次,取平均值作为测试结果。

检测项目 3 路面摩擦系数测定

随着公路及城市道路交通运输事业的蓬勃发展,公路里程不断增加,为了保证行车安全,要求路面与机场道面具有一定的粗糙度,防止在不利条件下产生滑溜行车事故。

路面抗滑性能是指车辆轮胎受到制动时沿表面滑移所产生的力。通常,抗滑性能被看作是路面的表面特性,并用轮胎与路面间的摩阻系数来表示,摩阻系数是反映抗滑性能的主要指标之一。表面特性包括路表面细构造和粗构造,影响抗滑性能的因素有路面表面特性、路面潮湿程度和行车速度。路面具有一定粗糙度是保证汽车在道路上安全行驶的必要条件,它通过轮胎与路面相互作用产生的摩擦阻力而起制约作用。评定路面粗糙度的指标很多。但通常采用的是车辆纵向紧急制动距离 S、纵向摩擦系数和横向摩擦系数。

本学习任务对摩擦系数测定方法作了简要介绍,重点介绍了摆式仪法和构造深度的测定。

一般而言,制动距离 S 越短,摩擦系数越大,行车越安全。路面粗糙度越大,纵向摩擦系数和横向摩擦系数越大。

抗滑性能测试方法有:摆式仪、制动距离法、偏转轮拖车法(横向摩擦系数测试)等方法。各方法的特点简单介绍如下:

（1）摆式仪法。它是运用动力摆擦过路表面时,由于摆锤与路面摩擦而损失的位能等于摆锤末端橡胶滑块在路面上擦过时克服路面摩阻力所做的功,由此来计算摩擦系数。由于在现行公路施工及验收规范中沥青路面、水泥混凝土路面抗滑标准之一是用摆式仪法来测定路面的摩擦系数,所以重点介绍摆式仪法测定路面摩擦系数的方法。

（2）制动距离法。它是以一定速度(40km/h)在平坡上行驶的汽车,在所测定的路段上采取紧急制动。测出制动前车速 v、制动距离 S。

$$f = \frac{v^2}{254S}$$ (3-3-19)

式中:f——路面摩擦系数;

v——制动前的车速(km/h),由第五轮仪测出;

S——制动距离(m),由第五轮仪测出。

(3)减速度法。它是利用车辆制动过程中的惯性和仪器量测部件的弹簧张力之间的相互关系,测读出汽车制动过程中的减速度,由此算出路面的摩擦系数。

$$f = \frac{v^2}{2gS} = \frac{a}{g} \tag{3-3-20}$$

式中:v——制动过程中的初速度,m/s;

　　　S——制动后车轮滑行的距离,m;

　　　g——重力加速度,m/s^2;

　　　a——制动过程中的等减速度,m/s^2,可按 $a = \frac{v^2}{2S}$ 计算,亦可用制动仪和减速仪测出。

(4)拖车法。此种方法较简单,是采用一辆牵引车(解放牌 CA—10B 型或其他型号),拖带一辆小型车(小客车或小型吉普车)。当小车以匀速进入测试路段并完全制动时,量测两车之间的牵引力 F(即路面的抗滑摩擦阻力),用式(3-3-21)来计算其纵向摩擦系数。

$$f = F/G \tag{3-3-21}$$

式中:F——牵引力,由拉力传感器通过动态应变仪示波器拍摄其微应变的大小,转换为牵引力,或用拉力计由指针读数示出,N;

　　　G——被拖小车的重力,N。

【检测方法】 摆式仪法

本方法适用于以摆式摩擦系数测定仪(摆式仪)测定沥青路面及水泥混凝土路面的抗滑值,用以评定路面在潮湿状态下的抗滑能力。

1.仪器准备

(1)摆式仪:摆及摆的连接部分总质量为 1500g ± 30g,摆动中心至摆的重心距离为410mm ±5mm,测定时摆在路面上滑动长度为126mm ±1mm,摆上橡胶片端部距摆动中心的距离为508mm,橡胶片对路面的正向静压力为22.2N ±0.5N。

(2)橡胶片:用于测定路面抗滑值的橡胶片的尺寸为 6.35mm × 25.4mm × 76.2mm,当橡胶片使用后,端部在长度方向上磨耗超过 1.6mm 或边缘在宽度方向上磨耗超过 3.2mm,或有油类污染时,即应更换新橡胶片。新橡胶片应先在干燥路面上测试 10 次后再用于测试。橡胶片的有效使用期为 1 年。

(3)标准量尺:长 126mm。

(4)路面温度计:分度不大于 1℃。

(5)其他;洒水壶、扫帚、粉笔等。

2.试样准备

(1)检查摆式仪的调零灵敏情况,并定期进行仪器的标定。当用于路面工程检查验收时,仪器必须重新标定。

(2)选择测试代表点。对测试路段按随机取样选点的方法,决定测点所在横断面位置。测点应选在行车车道的轮迹带上,距路面边缘不应小于 1m,选择有代表性的 5 个测点,各测点的相应距离为 5~10m,并用粉笔作出标记。测点位置宜紧靠铺砂法测定构造深度的测点位置,并与其一一对应。

(3)安置摆式仪。将摆式仪置于测点上,并使摆式仪的摆动方向与行车方向一致,旋转调平螺钉,使水准泡居中,并用橡皮刷清除摆动范围内路面上的松散颗粒和杂物。

(4)仪器调平。将仪器置于路面测点上,并使摆的摆动方向与行车方向一致,转动底座上的调平螺栓,使水准泡居中。

(5)调零。

①放松紧固把手,转动升降把手,使摆升高并能自由摆动,然后旋紧紧固把手。

②将摆向右运动,按下安装于悬臂上的释放开关,使摆上的卡环进入开关槽,放开释放开关,摆即处于水平释放位置,并把指针抬至与摆杆平行处。

③按下释放开关,使摆向左带动指针摆动,当摆达到最高位置后下落时,用左手将摆杆接住,此时指针应指零。若不指零时,可稍旋紧或放松摆的调节螺母,重复本项操作,直至指针指零。调零允许误差为±1BPN。

(6)校核滑动长度。

①用扫帚扫净路面表面,并用橡胶刮板清除摆动范围内路面上的松散粒料。

②让摆自由悬挂,提起摆头上的举升柄,将底座上垫块置于定位螺钉下面,使摆头上的滑溜块升高。放松紧固把手,转动立柱上升降把手,使摆缓缓下降。当滑溜块上的橡胶片刚刚接触路面时,即将紧固把手旋紧,使摆头固定。

③提起举升柄,取下垫块,使摆向右运动。然后,手提举升柄使摆慢慢向左运动,直至橡胶片的边缘刚刚接触路面。在橡胶片的外边摆动方向设置标准量尺,尺的一端正对该点。再用手提起举升柄,使滑溜块向上抬起,并使摆继续运动至左边,使橡胶片返回落下再一次接触路面,橡胶片两次同路面接触点的距离应在126mm(即滑动长度)左右。若滑动长度不符标准时,则升高或降低仪器底正面的调平螺钉来校正,但需调平水准泡,重复此项校核直至使滑动长度符合要求。而后,将摆和指针置于水平释放位置。

注:校核滑动长度时,应以橡胶片长边刚刚接触路面为准,不可借摆力量向前滑动,以免标定的滑动长度过长。

3.试验步骤

(1)用喷壶的水浇洒测试路面,并用橡胶刮板刮除表面泥浆。

(2)再次洒水,并按下释放开关,使摆在路面滑过,指针即可指示出路面的摆值。但第一次测定,不做记录。当摆杆回落时,用左手接住摆,右手提起举升柄使滑溜块升高,将摆向右运动,并使摆杆和指针重新置于水平释放位置。

(3)重复(2)的操作测定5次,并读记每次测定的摆值。5次数值中最大值与最小值的差值不得大于3BPN。如差数大于3BPN时,应检查产生的原因,并再次重复上述各项操作,至符合规定为止。取5次测定的平均值作为每个测点路面的抗滑值(即摆值FB),取整数,以BPN表示。

(4)在测点位置上用路表温度计测记潮湿路面的温度,准确至1℃。

(5)按以上方法,同一处平行测定不少于3次,3个测点均位于轮迹带上,测点间距3~5m。该处的测定位置以中间测点的位置表示。每一处均取3次测定结果的平均值作为试验结果,准确至1BPN。

(6)抗滑值的温度修正。当路面温度为$T(℃)$时测得的摆值为F_{BT},必须按式换算成标准温度20℃的摆值F_{20}:

$$F_{20} = F_{BT} + \Delta F \qquad (3-3-22)$$

式中:F_{20}——换算成标准温度20℃时的摆值,BPN;

F_{BT}——路面温度 T 时测得的摆值,BPN;

T——测定的路表潮湿状态下的温度,℃;

ΔF——温度修正值,按表 3-3-5 采用。

温度修正值   表 3-3-5

温度 T(℃)	0	5	10	15	20	25	30	35	40
温度修正值 ΔF	-6	-4	-3	-1	0	+2	+3	+5	+7

(7)测试数据整理。摆式仪刻度盘上的读数即摆值 F_{BT} 除以 100,就是摩擦系数;测点的摩擦系数用 5 次测定值的算术平均值来表示。

(8)精密度与允许差。

①同一个测点,重复 5 次测定的差值应不大于 3 。

②抗滑性每 200m 测一处 。沥青路面高速公路、一级公路规定分为 10 分。符合设计的为满分,否则不得分。

③沥青路面竣工验收值,对于高速公路、一级公路,其摆值 ≥45BPN 则满足抗滑标准。

4. 试验报告

(1)测试日期、测点位置、天气情况、洒水后潮湿路面的温度,并描述路面类型、外观、结构类型等。

(2)列表逐点报告路面抗滑值的测定值 、经温度修正后的值及 3 次测定的平均值,每一个评定路段路面抗滑值的平均值、标准差、变异系数。

<h2 style="text-align:center">检测项目 4 路面构造深度(TD)</h2>

路表面细构造是指集料表面的粗糙度,它随车轮的反复磨耗作用而渐被磨光。通常采用石料磨光值(PSV)表征抗磨光的性能。细构造在低速(30 ~ 50km/h 以下)时对路表抗滑性能起决定作用。而高速时起主要作用的是粗构造,它是由路表外露集料间形成的构造,功能是使车轮下的路表水迅速排除,以避免形成水膜。粗构造由构造深度表征。是反映抗滑性能的又一个主要指标。

【检测方法 1】 手工铺砂法

本法适用于测定沥青路面及水泥混凝土路面表面的构造深度,用以评定路面表面的宏观粗糙度、路面表面的排水性能及抗滑性能。

1. 仪器准备

(1)人工铺砂仪:由量砂筒、推平板组成。

(2)量砂筒:一端是封闭的,容积为 25mL ± 0.15mL,可通过称量砂筒中水的质量以确定其容积 V,带一专门的刮尺将筒口量砂刮平。

(3)推平板:推平板应为木制或铝制,直径 50mm,底面粘一层厚 1.5mm 的橡胶片,上面有一圆柱把手。

(4)刮平尺:可用 30cm 钢板尺代替。

(5)量砂:足够数量的干燥洁净的匀质砂,粒径 0.15 ~ 0.3mm。

(6)量尺:钢板尺、钢卷尺,或采用已按公式将直径换算成构造深度作为刻度单位的专用的构造深度尺。

(7)其他:装砂容器(小铲)、扫帚或毛刷、挡风板等。

2. 试样准备

（1）量砂准备：取洁净的细砂晾干、过筛，取 0.15～0.3mm 的砂置适当的容器中备用。量砂只能在路面上使用一次，不宜重复使用。回收砂必须经干燥、过筛处理后方可使用。

（2）对测试路段按随机取样选点的方法，决定测点所在横断面位置。测点应选在行车道的轮迹带上，距路面边缘不应小于 1m。

3. 试验步骤

（1）用扫帚或毛刷子将测点附近的路面清扫干净，面积不小于 30cm×30cm。

（2）用小铲装砂沿筒向圆筒中注满砂，手提量砂筒上方，在硬质路表面上轻轻地叩打 3 次，使砂密实，补足砂面用钢尺一次刮平。

注：不可直接用量砂筒装砂，以免影响量砂密度的均匀性。

（3）将砂倒在路面上，用底面粘有橡胶片的推平板，由里向外重复作摊铺运动，稍稍用力将砂细心地尽可能地向外摊开，使砂填入凹凸不平的路表面的空隙中，尽可能将砂摊成圆形，并不得在表面上留有浮动余砂。注意摊铺时不可用力过大或向外推挤。

（4）用钢板尺测量所构成圆的两个垂直方向的直径，取其平均值，准确至 5mm。

（5）按以上方法，同一处平行测定不少于 3 次，3 个测点均位于轮迹带上，测点间距 3～5m。该处的测定位置以中间测点的位置为准（此处的位置即指桩号）。

4. 计算

（1）路面表面构造深度的测定结果按式（3-3-23）计算。

$$TD = \frac{1000V}{\pi D^2 / 4} = \frac{31831}{D^2} \qquad (3\text{-}3\text{-}23)$$

式中：TD——路面表面的构造深度，mm；

$\quad\quad V$——砂的体积，25cm³；

$\quad\quad D$——推平砂的平均直径，mm。

（2）每一处均取三次路面构造深度的测定结果的平均值作为试验结果，精确至 0.1mm。

（3）计算每一个评定区间路面构造深度的平均值、标准差、变异系数。

5. 试验报告

（1）列表逐点报告路面构造深度的测定值及 3 次测定的平均值，当平均值小于 0.2mm 时，试验结果以 <0.2mm 表示。

（2）每一个评定区间路面构造深度的平均值、标准差、变异系数即是标准差与算术平均值的比值。沥青路面竣工验收值，对于高速公路、一级公路，其构造深度 ≥0.55mm 则满足抗滑值标准。

【检测方法 2】 电动铺砂法

本法适用于测定沥青路面及水泥混凝土路面表面的构造深度，用以评定路面表面的宏观粗糙度、路面表面的排水性能及抗滑性能。

1. 仪器准备

（1）电动铺砂仪：利用可充电的直流电源将量砂通过砂漏铺设成宽度 5cm、均匀一致的器具。

（2）其他的仪具与材料同手工铺砂法。

2. 试样准备

（1）准备工作同手工铺砂法。

（2）电动铺砂仪的标定。

①将铺砂器平放在玻璃板上，将砂漏移至铺砂器端部。

②将灌砂漏斗口和量筒口大致齐平，通过漏斗向量筒中缓缓注入准备好的量砂至高出量筒呈尖顶状，用直尺沿筒口一次刮平，其容积为50mL。

③将漏斗口与铺砂器砂漏上口大致齐平。将砂通过漏斗均匀地倒入砂漏，漏斗前后移动，使砂的表面大致齐平，但不得用其他工具刮动砂。

④开动电动机，使砂漏向另一端缓缓移动，量砂沿砂漏底部铺成带状，待砂漏完后停止。

（3）计算平均量砂长度，精确至1mm。

$$L_0 = (L_1 + L_2)/2 \tag{3-3-24}$$

（4）重复标定3次，取平均值L_0，精确至1mm。

标定应在每一次试验前进行，用同一种量砂，由同一试验员测试。

3. 试验步骤

（1）将测试地点用毛刷刷净，面积大于铺砂仪。

（2）将铺砂仪沿道路纵向平稳地放在路面上，将砂漏移至端部。

（3）按上述"电动铺砂仪标定"相同的步骤，在测试地点摊铺50mL量砂，按上述方法量取摊铺长度L_1及L_2，并计算L，准确至1mm。

$$L = (L_1 + L_2)/2 \tag{3-3-25}$$

（4）按上述方法，同一处平行测定不少于3次，3个测点均位于轮迹带上，测点间距3~5m。该处的测定位置以中间的测点位置表示。

4. 计算

（1）按式（3-3-26）计算铺砂仪在玻璃板上摊铺的量砂的厚度t_0。

$$t_0 = \frac{V}{B \times L_0} \times 1000 = \frac{1000}{L_0} \tag{3-3-26}$$

式中：t_0——量砂在玻璃板上摊铺的标定厚度，mm；

V——量砂体积，$V = 50$mL；

B——铺砂仪铺砂宽度，$B = 50$mm；

L_0——玻璃板上50mL量砂摊铺的长度，mm。

（2）按式（3-3-27）计算路面构造深度TD。

$$TD = \frac{L_0 - L}{L} \times t_0 = \frac{L_0 - L}{L_0 \times L} \times 1000 \tag{3-3-27}$$

式中：TD——路面表面的构造深度，mm；

L——路面上50mL量砂铺设的长度，mm。

（3）每一处均取3次路面构造深度的测定结果的平均值作为试验结果。

（4）计算每一个评定区间路面构造深度的平均值、标准差、变异系数。

5. 试验报告

（1）列表逐点报告路面构造深度的测定值及3次测定的平均值，当小于0.2mm时，试验结果以小于0.2mm表示。

（2）每一个评定区间路面构造深度的平均值、标准差、变异系数。

【检测方法3】 激光构造深度仪测定法

路面宏观构造深度可用铺砂法和激光构造深度仪测定。铺砂法测定误差大,效率低。激光构造深度测定仪测定的构造深度与铺砂法有良好的相关关系,而且速度快,精度高。

构造深度仪是小型手推式路面构造深度测试仪,也称激光纹理测试仪,具有运输方便、操作快捷、费用低廉、可靠性好等特点。

(1)工作原理。高速脉冲半导体激光器产生红外线,投射到道路表面,从投影面上散射光线由接收透镜聚焦到以线性布置的光敏二极管上,接收光线最多的二极管位置给出了这一瞬间到道路表面的距离,通过一系列计算可得出构造深度。

(2)使用技术要点。

①检查仪器、安装手柄。

②根据被测路面状况,选择测量程序。

③适宜的检测速度为 3 ~ 5km/h,即人步行的正常速度。

④仪器按每一个计算区间打印出该路段的构造深度的平均值。

应该注意,本方法适用于测定沥青路面干燥表面的构造深度,用以评价路面抗滑及排水能力,测试温度不低于 0℃,同一个计算区间两次测定进行校核的重复性误差不大于 0.02mm。并且利用激光构造深度仪测出的构造深度与铺砂法测出的构造深度不同,但两者有较好的线性关系,因此,激光构造深度仪所测的构造深度不能直接用于评定路面的抗滑性能,必须换算为铺砂法的构造深度后才能判断路面抗滑性能是否满足要求。

1. 仪器准备

(1)激光构造深度仪:在两轮的手推小车上装有光电测试设备、打印机及仪器操作装置。最大测量范围为 20mm,精度 0.01mm。

(2)扫帚、打气筒、充电器、打印纸、色带、表之板、小红旗等。

2. 试样准备

(1)检查仪器、安装手柄。

(2)根据被测路面状况,选择测量程序。

(3)适宜的检测速度为 3 ~ 5km/h,即人步行的正常速度。

3. 试验步骤

(1)将激光构造深度仪处于待机状态,仪器备有下列四档:

①校准程序或厂家调试程序。

②大孔隙或粗糙度大的路面测量程序。

③一般路面测量程序。

④传感器校核程序。

(2)测量时首先使用传感器校核程序在待测路面上进行传感器检测校核,其峰值数(百分数)应分布在 112 ~ 144 范围内。如果峰值分布显著过高或过低,则表示轮胎气压不正常、已严重磨损或沾满了沥青材料。

(3)根据路面被测状况,选择一般路面测量程序或大孔隙粗糙度大的路面测量程序进行测量。

(4)以稳定的速度推车行驶进行测定,仪器按每一个计算区间打印出该段构造深度平均值。标准的计算长度区间为 100m,根据需要也可为 10m 或 50m。激光构造深度仪的行驶速度不得小于 3km/h,也不得大于 10km/h,适宜的行驶速度为 3 ~ 5km/h。

(5)仪器按每一个计算区间打印出该路段的构造深度的平均值。

【检测方法4】 摩擦系数测定车测定路面横向力系数

本方法适用于以标准的摩擦系数测定车测定沥青路面或水泥混凝土路面的横向力系数,测试结果可作为竣工验收或使用期评定路面抗滑能力的依据。使用时特别注意除自检和标定外,在水流还未洒到测试轮前方路面时,不得降下测试轮。测试轮降到位后,严禁车辆倒行。路面的表面应有足够的抗滑能力,以保证行车的安全。如果路面的抗滑能力不足时,汽车起动会发生空转打滑现象;汽车在弯道上行驶,会产生横向滑移;紧急制动,所需的制动距离会增长,这些都很容易发生交通事故。经过调查,交通事故80%以上与路面滑溜有关,即与路面的摩擦系数低有关。因此,对于路面来说,抗滑性能是一项非常重要的质量评定指标。测定路面抗滑性能的方法很多,现就摩擦系数测定车测定路面横向力系数作一介绍。

由于摆式仪测定摆值受人为因素影响很大,而且检测速度很慢,只适用于一般公路不具备摩擦系数测定车时的抗滑性能检测。摩擦系数测定车测定的路面横向力系数即表示车辆在路面上制动时的路面抗力,还表征车辆在路面上发生侧滑时的路面抗力,因此,它是路面纵、横向摩擦系数的综合指标,反映较高速度下的路面抗滑能力。由于测试车自备水箱,能直接洒在轮前30cm宽的路面上,可控制路面水膜厚度,测速较高,不妨碍交通,特别适合于在高速公路和一级公路上进行测试。

(1)工作原理。测定车上装有与车辆行驶方向成20°角的测试轮,测定时,供水系统洒水,降下测试论,并对其施加一定的荷载,荷载传感器测量与测试轮轮胎面成垂直的横向力,此力与轮荷载之比即为横向力系数。横向力系数越大,说明路面抗滑能力越强。

(2)使用技术要点。

①测试前对仪器设备进行标定、检查,保持测试车的规范性。

②测试轮的垂直荷载为2kN。

③测速为50km/h。

④可连续或断续测定设定计算区间的横向力系数。

⑤计算机打印出每一个评定段的横向力系数值、统计个数、平均值、标准差、变异系数。

1. 仪器准备

(1)摩擦系数测定车:SCRIM 型,由车辆底盘、测量机构、供水系统、荷载传感器、仪表、操作记录系统及标定装置等组成。

(2)测量机构:可以单侧或双侧各安装一套,测试车轮与车辆行驶方向成20°角,作用于测试轮上的静态标准荷载为2kN,测试轮胎应为 3.00～20 的光面轮胎,其标准气压为0.35MPa ± 0.01MPa。当轮胎直径减少达 6mm 时(每个测试轮约测 350～400km)需更换新轮胎。

2. 试样准备

(1)测试前对仪器设备进行标定、检查,保持测试车的规范性。

(2)测试车在测试路段起点前约 500m 处驻车,开机预热不少于 10min。

(3)降下测试轮,打开水阀检查水流情况是否正常及水流是否符合需要,检查仪表指数是否正常,然后升起测试轮。

3. 试验步骤

(1)将车辆行驶到测试路段,提前 100～200m 处降下测试轮,测试车的车速可根据公路等级的需要选择。除特殊情况外,标准车速为 50km/h,测试中必须保持匀速。

(2)进入测试段后,按开始键,开始测试。

（3）在显示器上监视测试运行变化情况，检查速度、距离有无反常波动，当需要表明特征（如桥位、路面变化等）时，操作功能键插入到数据流中，整公里里程桩上也应作相应的记录。

（4）计算机打印出每一个评定段的横向力系数值、统计个数、平均值、标准差、变异系数。

如表3-3-6是打印的摩擦系数测试结果示例，左侧没有选为测试轮，右侧打印了35个点的平均值及标准差。

摩擦系数测试结果 表 3-3-6

SCRIM GRAPHIC SCALE ＝ 2∶1 , FILE NAME——js94bj1,MEAN OF 5 VALUES.				
E	km.	kph	SFC（Lhs）	SFC（Rhs）
L5－0.5				
0	0.100	50	＊ ＊ ＊	35
0	0.200	48	＊ ＊ ＊	32
0	0.300	47	＊ ＊ ＊	32
0	0.400	52	＊ ＊ ＊	23
0	0.500	51	＊ ＊ ＊	23
…	…		…	…
	L. H. Mean ＝ 255		R. H. Mean ＝ 27.51	
	L. H. Standard Deviation ＝ 0		R. H. Standard Deviation ＝ 3.865	
	L. H. Number of Readings ＝ 35		R. H. Number of Readings ＝ 35	

【探地雷达和瑞雷波检测技术】

1. 路面雷达测试系统

路面雷达测试系统，能在高速公路时速下，实时收集公路雷达信息，然后在很短的时间内将信息输入电脑程序内，电脑程序便会自动分析出公路或桥面内各层厚度、湿度、空隙位置、破损位置及程度。

1）主要设备

（1）天线：将电磁波定向辐射入路面系统。

（2）发射机：产生正弦型脉冲，高平电磁波。

（3）接收机：捕捉反射信号，然后将这些信号传递给信号处理机对信号进行处理。

（4）信号处理机：对信号进行处理。

（5）计算机：数据采集、处理、储存、显示、分析。

2）工作原理

雷达发射机产生的高频电磁脉冲离开天线后便成为发射信号，发射信号经由空气到达路表面时，一部分信号会透射路表继续向下传播，另一部分信号会被路面反射回来。这样电磁波在路面系统内传播的过程中，每遇到不同的结构层，就会在层间界面发生透射和反射，反射回来的那部分电磁波由雷达接收天线接收，并采用采样技术将其化为数字信号进行处理。由于路面各种材料的电介质常数明显不同，因此，电介质常数突变处，也就是两结构层的界面。当结构层发生破损（如空洞、裂缝、脱腔等），在雷达资料中便会出现明显的特征反射，如脱腔时

· 99 ·

产生夹层反射,空洞产生绕射等;当结构层因透水性问题而使某层含水率增大,或出现软弱夹层时,电介质常数将明显增大,在资料中可以得到高含水性的反射。探地雷达具有极高的探测精度,可以根据测知的各种路面材料的电介质常数及波速,计算路面各结构层的厚度、含水率、损坏位置等。

3)使用技术要点

(1)检测速度可达80km/h。

(2)检测距离,以80km/h的速度对路面及桥面进行连续检测不少于4h(320km)。

(3)采集雷达信号实时地数字化并直接存储在硬盘上。

(4)厚度精确度一般为深度的2%~5%。

(5)数据处理后可显示路面彩色剖面图、三维路面厚度剖面图、雷达波形图等。

4)检测方法

根据检测目的的不同,仪器的不同检测方法详见路面雷达测试系统使用说明书。

2.瑞利波检测新技术

瑞利波探测法是国内外近年来浅层工程地震勘探兴起的方法之一,现已广泛应用于煤炭、石油、建筑、地震、矿山及工业实时控制等领域。在煤矿生产过程中,查清掘进面前方地质小构造,特别是断层、老窑、岩溶等灾害性构造情况,直接关系到煤矿安全生产以及经济效益和社会效益。用于公路检测还属于试验阶段,例如用于检测路基的压实度,由于灌砂法检测速度慢,受人为因素影响大而且每2000m² 检测6个以上点,这对路基来讲只是通过个别点的压实度来推测,而不是检测整个路基的压实度,而核子密度仪只能测定细粒土。除此之外,还有体积法、承载板法和锤击法,这些方法对于超粒径土都没有理想的处理方法,而利用波动的方法可以免除这些现象。其作用机理是在物体表面激发一种应力脉冲,它将通过物体进行传播,如果遇到不同的截面就会产生反射和折射,通过安装在物体表面的传感器接收到这些波,再根据这些信息将物体的内部特征提取出来,找出波速与密度的关系,完成无破损检测。

检测项目5 路面透水性测定

路面的透水性是衡量路面质量好坏的一个指标,它反映路面结构的密实程度,密不透水的路面可以防止雨水和雪水等透过路面渗入基层和土基从而降低路基路面的整体强度和稳定性,保证路面的正常使用,维持路面的使用寿命。

路面透水性用透水系数来表示,其检验方法有许多种,我国目前常用的一种是路面透水仪。路面的透水性用透水仪在一定的初始静压水头作用下,以单位时间渗入一定路面面积内的水量来表示。

沥青路面铺筑的其中一个基本点是沥青层能够基本上封闭雨水的下渗,路面必须具有良好的防渗水性,如果路面渗水严重,则沥青混合料和路面的耐久性将大幅降低。因此,沥青路面渗水性能成为反映沥青混合料级配组成的一个间接指标。此外,本学习任务结合沥青路面和水泥混凝土路面对我国路面性状评价指标体系分别进行了阐述。

【检测方法1】 沥青路面的渗水系数

本方法适用于用路面渗水仪测定沥青路面的渗水系数。

1.仪器准备

(1)路面渗水仪:上部盛水量筒由透明有机玻璃制成,容积600mL,上有刻度,在100mL及500mL处有粗标线,下方通过 ϕ10 mm 的细管与底座相接,中间有一开关。量筒通过支架联结,底座下方开口内径 ϕ150mm,外径 ϕ165mm,仪器附压重铁圈两个,每个质量约 5kg,内径 160mm。

(2)水桶及大漏斗。

(3)秒表。

(4)密封材料:玻璃腻子、油灰或橡皮泥。

(5)其他:水、红墨水、粉笔、扫帚等。

2. 试样准备

(1)在测试路段的行车道路面上,按随机取样方法选择测试位置,每一个检测路段应测定 5 个测点,用扫帚清扫表面,并用粉笔画上测试标记。

(2)在洁净的水桶内滴入几点红墨水,使水成淡红色。

(3)装妥路面渗水仪。

3. 试验步骤

(1)将清扫后的路面用粉笔按测试仪器底座大小画好圆圈记号。

(2)在路面上沿底座圆圈抹一薄层密封材料,边涂边用手压紧,使密封材料嵌满空隙且牢固地黏结在路面上。密封材料圈的内径与底座内径相同,约 150mm,将组合好的渗水试验仪底座用力压在路面密封材料圈上,再加上压重铁圈压住仪器底座,以防压力水从底座与路面间流出。

(3)关闭细管下方的开关,向仪器的上方量筒中注入淡红色的水至满,总量为 600mL。

(4)迅速将开关全部打开,水开始从细管下部流出,待水面下降 100mL 时,立即开动秒表,每间隔 60s,读记仪器管的刻度一次,至水面下降 500mL 时为止。测试过程中,如水从底座与密封材料间渗出,说明底座与路面密封不好,应移至附近干燥路面处重新操作。如水面下降速度很慢,从水面下降至 100mL 开始,测得 3min 的渗水量即可停止。若试验时水面下降至一定程度后基本保持不动,说明路面基本不透水或根本不透水,则在报告中注明。

(5)按以上步骤在同一个检测路段选择 5 个测点测定渗水系数,取其平均值,作为检测结果。

4. 计算

沥青路面的透水系数按式(3-3-28)计算,计算时以水面从 100mL 下降至 500mL 所需的时间为标准,若渗水时间过长,亦可采用 3min 通过的水量计算。

$$C_{\mathrm{W}} = \frac{V_2 - V_1}{t_2 - t_1} \times 60 \qquad (3\text{-}3\text{-}28)$$

式中:C_{W}——路面渗水系数,mL/min;

V_1——第一次读数时的水量,mL,通常为 100mL;

V_2——第二次读数时的水量,mL,通常为 500mL;

t_1——第一次读数时的时间,s;

t_2——第二次读数时的时间,s。

5. 试验报告

列表逐点报告每个检测路段各个测点的渗水系数及 5 个测点的平均值、标准差、变异系数。若路面不透水,则在报告中注明为 0。

表 3-3-7 为沥青路面透水性测试记录表。

道路名称				路面类型			干湿状态		
测点	在下列时刻(min)所读数值						透水系数 C_W		备注
	0.5	1.0	1.5	2.0	2.5	3.0	(mL/min)		
说明									

测试者：   复核者：

透水性评价：路面透水性以透水系数 C_W 来评定,见表 3-3-8。

路面透水性系数   表 3-3-8

路面透水情况	密实不透水路面	良好不透水路面	透水路面
C_W(mL/min)	<1~5	<10	>20

检测项目 6 沥青路面质量评定

1. 沥青表面处治面层

1)基本要求

(1)在新建或旧路的表层进行表面处治时,应将表面的泥沙及一切杂物清除干净,底层必须坚实、稳定、平整,保持干燥后才可施工。

(2)沥青材料的各项指标和石料的质量、规格、用量应符合设计要求和施工规范的规定。

(3)沥青浇洒应均匀,无露白,不得污染其他构筑物。

(4)嵌缝料必须趁热撒铺,扫布均匀,不得有重叠现象,压实平整。

2)外观鉴定

(1)表面平整密实,不应有松散、油包、油丁、波浪、泛油、封面料明显散失等现象,有上述缺陷的面积之和不超过受检面积的 0.2%。不符合要求时,每超过 0.2% 减 2 分。

(2)无明显碾压轮迹。不符合要求时,每处减1~2 分。

(3)面层与路缘石及其他构筑物应密贴接顺,不得有积水现象。不符合要求时,每处减 1~2分。

2. 沥青贯入式面层(或上拌下贯式面层)

1)基本要求

(1)沥青材料的各项指标应符合设计要求和施工规范。

(2)各种材料的规格和用量应符合设计要求和施工规范,上拌沥青混凝土混合料每日应做抽提试验和马歇尔稳定度试验。

(3)碎石层必须平整坚实,嵌挤稳定,沥青贯入应深透,浇洒应均匀,不得污染其他构筑物。

(4) 嵌缝料必须趁热撒铺,扫料均匀,不应有重叠现象。

(5) 上层采用拌和料时,混合料应均匀一致,无花白和粗细分离现象,摊铺平整,接茬平顺,及时碾压密实。

(6) 沥青贯入式面层施工时,应先做好路面结构层和路肩的排水。

2) 外观鉴定

(1) 表面应平整密实,不应有松散、裂缝、油包、油丁、波浪、泛油等现象,有上述缺陷的面积之和不超过受检面积的 0.2%。不符合要求时,每超过 0.2% 减 2 分。

(2) 表面无明显碾压轮迹。不符合要求时,每处减 1~2 分。

(3) 面层与路缘石及其他构筑物应密贴接顺,无积水现象。不符合要求时,每处减 1~2 分。

3. 沥青混凝土面层和沥青碎(砾)石面层

1) 基本要求

(1) 沥青混合料的矿料质量及矿料级配应符合设计要求和施工规范的规定。

(2) 严格控制各种矿料和沥青用量及各种材料和沥青混合料的加热温度,沥青材料及混合料的各项指标应符合设计和施工规范要求。沥青混合料的生产,每日应做抽提试验、马歇尔稳定度试验。矿料级配、沥青含量、马歇尔稳定度等结果的合格率应不小于 90%。

(3) 拌和后的沥青混合料应均匀一致,无花白、无粗细料分离和结团成块现象。

(4) 基层必须碾压密实,表面干燥、清洁、无浮土,其平整度和路拱度应符合要求。

(5) 摊铺时应严格控制摊铺厚度和平整度,避免离析,注意控制摊铺和碾压温度,碾压至要求的密实度。

2) 外观鉴定

(1) 表面应平整密实,不应有泛油、松散、裂缝和明显离析等现象。对于高速公路和一级公路,有上述缺陷的面积(凡属单条的裂缝,则按其实际长度乘以 0.2m 宽度,折算成面积)之和不得超过受检面积的 0.03%,其他公路不得超过 0.05%。不符合要求时每超过 0.03% 或 0.05% 减 2 分。

半刚性基层的反射裂缝可不计作施工缺陷,但应及时进行灌缝处理。

(2) 搭接处应紧密、平顺、烫缝不应枯焦。不符合要求时,累计每 10m 长减 1 分。

(3) 面层与路缘石及其他构筑物应密贴接顺,不得有积水或漏水现象。不符合要求时,每处减 1~2 分。

4. 路面评价指标的确定方法

为了评价路面的耐用性能和使用品质,美国 AASHO 提出了耐用性指数的概念。各试验路段在某一试验段的耐用指数是这样评定的,由一批汽车驾驶员驾车高速驶过这些试验路段,并对路况予以严格的检查。然后,对各试验路段的使用品质按五级计分制各自做出评定。综合这批人的意见,从而推算出每条路段的耐用性指数。同时进行道路变形与破坏情况的量测,包括平整度、裂缝数量、车辙深度等。最后用回归分析的方法,推导出耐用指数与各项物理性指标间的关系式。日本也建立了相应的关系式。

由于美国耐用性指数方程是建立在要求路面适应高速而平顺舒适行车的基础之上的,故对路面平整度要求特别高,这点不符合我国的国情。我国根据国情,建立了新的路面性状评价指标体系。

沥青路面的养护对策应根据公路等级、交通量及分项路况评价结果确定。分项路况评价指标包括路面强度、行驶质量、路面破损状况和抗滑性能等方面。路面综合评价指标仅用于对路面的总体评价。公路养护管理部门可根据公路等级、交通量、分项路况的评价结果,结合养护资金情况,采取相应的维修养护对策。

1)沥青路面养护质量标准

沥青路面是以道路石油沥青、煤沥青、液体石油沥青、乳化石油沥青、各种改性沥青等为结合料,黏结各种矿料修筑的路面结构。由于其面层使用沥青结合料,因而增加了矿料间的黏结力,提高了混合料的强度和稳定性,使路面的使用质量和耐久性都得到提高。与水泥混凝土路面相比,沥青路面具有表面平整、无接缝、行车舒适、耐磨、振动小、噪声低、施工期短、养护维修简便的特点,因而在目前高等级公路中占据相当大的比重。但由于沥青路面的强度和稳定性受气温、水分、路面材料性质等客观因素影响比较大,因此在养护工作中必须随时掌握路面的使用状况,加强日常保养,及时修补各种破损,保持路面经常处于清洁、完好状态。沥青路面养护的质量应符合表3-3-9的质量标准。

路面破损状况养护质量标准 表3-3-9

序号	评价指数		高速公路、一级公路	其他等级公路
1	平整度	平整度仪(σ,mm)	≤3.5	≤4.5(≤5.5或≤7.0)①
		3m 直尺(h,mm)	≤7	≤10(≤12或≤15)②
		IRI(m/km)	≤6	≤8
2	抗滑性能	横向力系数 SFC	≥40	≥30
		摆式仪摆值 BPN	—	≥32
3	路面状况指数 PCI(分)		≥70	>55
4	路面强度系数 SSI		≥0.8	≥0.6
5	路面车辙深度(mm)		≤15	—
6	路拱坡度(%)		1.0~2.0	—

2)沥青路面使用质量评价方法

(1)沥青路面评价指标。高等级公路的沥青路面的养护应根据公路等级、交通量及分项路况评价结果来确定养护对策。其中,分项路况评价指标包括路面强度、平整度、破损率和抗滑能力四个方面;养护对策包括大修补强、中修罩面及小修,不含日常养护。

(2)路面破损状况。路面破损状况采用路面状况指数(PCI)进行评价,路面状况指数根据沥青路面破损率(DR)计算得出。

①沥青路面破损率(DR):

$$DR = \frac{D}{A} \times 100 = \sum_{i=1}^{n} \sum_{j=1}^{m} D_{ij} \cdot K_{ij} \times 100 \tag{3-3-29}$$

式中:DR——各种破损的实际面积;

D_{ij}——第 i 类损坏、j 类严重程度的实际破损面积,m²;如为纵横裂缝,其破损面积为:裂缝长度(m)×0.2,车辙破损面积为:长度(m)×0.4;

K_{ij}——第 i 类损坏、j 类严重程度的换算系数,路面破损换算系数见表 3-3-10。

路面破损换算系数   表 3-3-10

破损类型	严重程度	换算系数	破损类型	严重程度	换算系数
龟裂	轻 中 重	0.6 0.8 1.0	车辙	轻 重	0.4 1.0
不规则裂缝	轻 重	0.2 0.4	搓板		0.8
纵裂	轻 重	0.4 0.6	波浪	轻 重	0.4 0.8
横裂	轻 重	0.2 0.4	壅包	轻 重	0.4 0.8
坑槽	轻 重	0.8 1.0	泛油		0.1
麻面		0.1	磨光		0.6
脱皮		0.6	修补损坏面积		0.1
啃边		0.8	冻胀		1.0
松散	轻 重	0.2 0.4	翻浆		1.0
沉陷	轻 重	0.4 1.0			

②路面状况指数(PCI)。路面状况指数的数值范围为 0 ~ 100。其值越大,路况就越好。计算公式如下:

$$PCI = 100 - DR^{0.412} \qquad (3\text{-}3\text{-}30)$$

③路面破损状况的评价标准。根据路面破损状况,可将路面质量分为优、良、中、次、差五个等级,见表 3-3-11。

DR 指标评定值及对应养护措施表   表 3-3-11

评价等级	优	良	中	次	差
路面状况指数 PCI	≥85	85 ~ 70	70 ~ 55	55 ~ 40	< 40

(3)路面强度。

①路面强度指数(SSI)。沥青路面强度采用强度指数作为评价指标。计算公式如下:

$$SSI = \frac{路面设计弯沉值}{路段代表弯沉值} \qquad (3\text{-}3\text{-}31)$$

路段代表弯沉值可依据现行《公路沥青路面设计规范》(JTG D50—2006)的有关规定进行计算。

②路面强度评价标准见表 3-3-12。

路面强度评价标准   表 3-3-12

标准		优	良	中	次	差
强度指数 SSI	高速公路、一级公路	≥1.0	1.0 ~ 0.83	0.83 ~ 0.66	0.66 ~ 0.50	< 0.5
	其他等级公路	≥0.83	0.83 ~ 0.66	0.66 ~ 0.50	0.5 ~ 0.3	< 0.3

(4)行驶质量指数。路面的行驶质量采用行驶质量指数(RQI)作为评价指标,行驶质量指数由国际平整度指数(IRI)计算。

①国际平整度指数(IRI)。国际平整度指数 IRI 可由反应类设备测定,测定结果需经试验标定。IRI 与其他设备的标定关系如式(3-3-32)所示。

$$IRI = a + b \cdot BI \qquad (3\text{-}3\text{-}32)$$

式中：BI——平整度测试设备的测试结果；

a、b——标定系数，在使用中，各地可根据实际的标定结果确定其取值；

IRI——国际平整度指数，mm/km。

②行驶质量指数（RQI）。路面行驶质量指数（RQI）与国际平整度指数（IRI）的关系见式（3-3-33）。

$$RQI = 11.5 - 0.75 \times IRI \qquad (3\text{-}3\text{-}33)$$

式中：RQI——行驶质量指数，数值范围为 0 ~ 10。如出现负值，则 RQI 值取 0；如计算结果大于 10，则 RQI 取值 10。

③路面行驶质量评价标准见表 3-3-13。

路面行驶质量评价标准 　　　　　表 3-3-13

等级	优	良	中	次	差
行驶质量指数 RQI	≥8.5	8.5 ~ 7.0	7.0 ~ 5.5	5.5 ~ 4.0	<4.0

（5）路面抗滑性能。路面抗滑性能采用抗滑系数作为评价指标，抗滑系数以横向力系数（SFC）或摆式仪的摆值（BPN）表示。路面抗滑能力评价标准见表 3-3-14。

路面抗滑能力评价标准 　　　　　表 3-3-14

标准	优	良	中	次	差
横向力系数（SFC）	≥50	50 ~ 40	40 ~ 30	30 ~ 20	<20
摆值（BPN）	≥42	42 ~ 37	37 ~ 32	32 ~ 27	<27

（6）路面的综合评价。

①路面的综合评价指标（PQI）。PQI 用分项加权计算得出，如式（3-3-34）所示。其数值范围为 0 ~ 100，值越大，路况越好。

$$PQI = PCI' \times P_1 + RQI' \times P_2 + SSI' \times P_3 + SFC' \times P_4 \qquad (3\text{-}3\text{-}34)$$

式中：P_1、P_2、P_3、P_4——相应指标的权重，按 PCI、RQI、SSI、SFC（或 BPN）的重要性确定，见表 3-3-15；

PCI'、RQI'、SSI'、SFC'的赋值见表 3-3-16。

P_1、P_2、P_3、P_4 权重建议值 　　　　　表 3-3-15

权重	P_1	P_2	P_3	P_4
高速公路、一级公路	0.25	0.35	0.10	0.30
二级公路	0.30	0.25	0.25	0.20
二级以下公路	0.35	0.20	0.35	0.10

PCI'、RQI'、SSI'、SFC'的赋值 　　　　　表 3-3-16

等级	PCI、RQI、SSI、SFC（或 BPN）的评定结果				
	优	良	中	次	差
相应指标的赋值	92	80	65	50	30

②路面综合评价的评价标准见表 3-3-17。

路面综合评价的评价标准 　　　　　表 3-3-17

等级	优	良	中	次	差
路面综合评价指标 PQI	≥8.5	8.5 ~ 7.0	7.0 ~ 5.5	5.5 ~ 4.0	<4.0

5. 沥青路面质量检验评定

沥青路面质量检验评定的相关表格如表 3-3-18 所示。

表 3-3-18

沥青混凝土面层和沥青碎(砾)石面层质量检验评定表

项目名称：　　　　　　　　　　　　　　　　工程部位：

施工单位：　　　　　　　　　　　　　　　　使用者类别：

工程合同段：　　　　　　　　　　　　　　　(子)分项工程名称：

监理单位：

| 基本要求 | 1. 沥青混合料的矿料质量及矿料级配应符合设计要求和施工规范的规定。
2. 严格控制各种矿料和沥青用量及各种沥青混合料的加热温度，沥青材料及混合料的各项指标应符合设计和施工规范要求。沥青混合料的生产，每日应做抽提试验，马歇尔稳定度试验。矿料级配、沥青含量、马歇尔稳定度等试验结果的合格率应不小于90%。
3. 拌和后的沥青混合料应均匀一致，无花白，无粗细料分离和结团成块现象。
4. 基层必须碾压密实，表面干燥，清洁，无浮土，其平整度应符合要求。
5. 摊铺时应严格控制摊铺厚度和平整度，注意控制摊铺和碾压温度，碾压至要求的密实度 |

项次	检查 项目		规定值或允许偏差(高速公路)	检查方法和频率	权值	检查实测值	平均值代表值	合格率(%)	得分
1	压实度(%)		不小于设计	按附录 B 检查：每 200m 测 1 处	3				
2	平整度	σ(mm)	1.2	平整度仪：全线每车道连续按每 100m 计算 IRI 或 σ	2				
		IRI(m/km)	2.0						
		最大间隙(mm)	—	3m 直尺：每 200m 测 2 处 ×10 尺					
3	弯沉值(0.01mm)		符合设计要求	按附录 I 检查	2				
4	渗水系数		SMA 路面 20mL/min；其他沥青混凝土路面 300 mL/min	渗水试验仪：每 200m 测 1 处	2				
5	抗滑	摩擦系数	符合设计要求	摆式仪：每 200m 测 1 处；横向力系数测定车：全线连续，按附录 K 检查	2				
		构造深度		铺砂法：每 200m 测 1 处					

项次	检查项目		规定值或允许偏差（高速公路）	检查方法和频率	权值	检查实测值	平均值代表值	合格率（%）	得分
6	厚度(mm)	代表值	总厚度：-5%H 上面层：-10%h	按附录H检查：双车道每200m测1处	3				
		合格值	总厚度：-10%h 上面层：-20%h						
7	中线平面偏位(mm)		20	经纬仪：每200m测4点	1				
8	纵断高程(mm)		±15	水准仪：每200m测4断面	1				
9	宽度(mm)	有侧石	±20	尺量：每200m测4断面	1				
		无侧石	不小于设计						
10	横坡(%)		±0.3	水准仪：每200m测4处	1				
11	（子）分项工程得分								
12	外观鉴定		表面应平整密实，不应有泛油、松散、裂缝和明显离析等现象。对于高速公路和一级公路，有上述缺陷的面积，则按其实际长度乘以0.2m宽度，折算成面积不得超过受检面积的0.03%，其他公路不得超过0.05%。不符合要求时每超过0.03%或0.05%减2分。 半刚性基层的反射裂缝可不计作施工缺陷。 搭接处应紧密、平顺，透缝不应枯焦。不符合要求时，累计每10m长减1分 面层与路缘石及其他构筑物应密贴接顺，不得有积水或漏水现象。不符合要求时，每处减1~2分。	检查结果				
13	质量保证资料		施工资料和图表必须齐全，不缺乏最基本数据，不得伪造涂改。资料不全者，视情况每款减1~3分。 不符合检查和评定						
14	（子）分项 工程评分值								
15	质量等级								

监理工程师：　　　　　日期：　　　　　检测人：　　　　　日期：　　　　　承包人：　　　　　日期：

注：表中"附录B、附录H、附录I、附录K"均指《公路工程质量检验评定标准（土建工程）》(JTG F80/1—2004)中的附录。

3.3.4 实 训 项 目

(1)弯沉试验检测。

(2)平整度试验检测。

(3)摩擦系数试验检测。

(4)构造深度试验检测。

(5)横向力系数试验检测。

(6)渗水系数试验检测。

(7)填写沥青路面面层的质量检验评定表。

3.3.5 小 结

公路工程建设的特点是线长面广,工程量和投资大,影响因素复杂。在施工过程中任何环节出问题都会给工程质量带来严重的危害,甚至造成巨大的损失,而客观、准确、及时的检测数据是公路工程实践的真实记录,是指导、控制和评定工程质量的科学依据,试验检测过程中应不断应用新技术、新方法提高检测速度和检测质量。本学习任务以此为目的,主要介绍了路基路面检测新技术,包括:弯沉检测新技术、落锤式弯沉仪和自动弯沉仪;平整度检测新技术,包括激光平整度仪和颠簸累积仪;抗滑性能检测新技术,包括横向力系数测定车和激光构造深度仪;路面雷达测试系统以及瑞雷波检测技术。

路面工程和路基工程一样,都是作为道路工程的单位工程。路面工程质量的评定与检测是道路竣工验收工作的一部分。

现代化道路路面的修筑,一般是机械化施工,部分路面材料已实行工厂化生产,路面施工质量的管理及其检验评定工作趋向于更为严格、完善和规范化。

路面工程的质量检验评定内容包括各类基层、底基层,各类沥青混合料面层,水泥混凝土面层、路缘石铺设和路肩,其中每一部分的检测与评定都按基本要求、实测项目、外观鉴定这三项进行。

本学习任务所列的各类基层、底基层结构类型为当前常用和考虑今后发展的典型结构,并根据其材料特性、施工要求、质量标准等作了合理归并。

复习思考题

1.什么是路面弯沉值?常用哪几种方法测定?各测定方法有何特点?

2.简述贝克曼梁法测定路面回弹弯沉的要点。

3.简述摆式仪测定路面抗滑性能的要点。

4.路面抗滑性能测试方法有几种?各种方法的原理是什么?

5.简述构造深度的测试方法。

6.简述渗水系数测试的必要性及测试要点。

7.弯沉仪、落锤式弯沉仪与贝克曼梁测出的弯沉值有何区别?

8.颠簸累积仪、激光平整度仪及连续式平整度仪检测结果分别是什么?它们能否相互换算?

9.为什么要测定路面的横向力系数?激光构造深度仪所测结果能否直接用于我国公路路面构造深度评定?为什么?

10.路面雷达测试系统的主要用途是什么?

水泥混凝土路面检测与质量评定

情境导入

水泥混凝土路面工程施工中,按照施工准备阶段、施工阶段和竣工验收阶段进行试验检测评定,避免不合格的材料和产品流入下一道工序,只有保证每一道工序的质量才能保证整个工程的质量。

学习目标

【知识目标】 完成本学习情境的学习,学生能够熟悉水泥混凝土路面工程的施工工艺;熟悉各项检测任务的目的和检测方法、步骤以及试验原理;熟悉各种检测仪器的性能;熟悉与所检测项目相关的技术标准、技术规范和技术规程;能用定量的方法科学地评定路基的质量。

【能力目标】 学生能够熟练掌握水泥混凝土路面工程在施工准备阶段、施工阶段、竣工验收阶段质量检验评定的工作过程,明确水泥混凝土路面工程在各阶段中所要进行的各种检测项目,能熟练操作各种检测仪器进行试验;正确如实地填写原始记录;能够运用数理统计方面的知识对检测结果进行数据处理及评定。

任务4.1 水泥混凝土路面施工准备阶段的检测

4.1.1 任务导入

【情境设计】 试验检测是保证工程质量的重要手段。客观、准确、规范、及时的试验检测数据,是指导、控制和评定工程质量的科学依据。

水泥混凝土路面工程在施工准备阶段的试验检测任务有哪些内容呢？如何进行水泥混凝土路面工程在施工准备阶段的试验检测呢？让我们来学一学吧。

4.1.2 任务目的

水泥混凝土路面工程在施工准备阶段主要对原材料进行各种室内检测,避免不合格的材料用于工程,为开工做好前期准备工作,以判断填料的可用性。

4.1.3 任务实施

一、检测项目

施工准备阶段主要对原材料及各种配合比进行试验检测,避免不合格的材料用于工程,为开工做好前期准备工作。水泥混凝土路面施工准备阶段需检测的项目见表4-1-1。

水泥混凝土路面施工准备阶段需检测的项目 表4-1-1

序号	检测项目	采用规程(标准)
1	混凝土组成材料试验	《公路工程水泥及水泥混凝土试验规程》(JTG E30—2005);《公路工程质量检验评定标准(土建工程)》(JTG F80/1—2004)
2	混凝土配合比设计	
3	混凝土拌和物性能试验	
4	混凝土抗压强度试验	
5	水泥混凝土抗折(抗弯拉)强度试验	

二、检测方法

混凝土组成材料试验、混凝土配合比设计、混凝土拌和物性能试验、混凝土抗压强度试验,参照《道路建筑材料》课程进行试验检测。

检测项目 水泥混凝土抗折强度测定

水泥混凝土的抗折强度又称为抗弯拉强度,是指混凝土抵抗弯曲拉伸的能力。混凝土的抗折强度很低,约为抗压强度的1/10~1/5,因此,在结构物构件中处于受拉部位的混凝土均需配钢筋。在道路路面或机场道面使用的水泥混凝土,以抗折强度为主要强度指标,抗压强度为参考指标,因而需要检测混凝土的抗折强度。在道路路面及机场跑道工程中,水泥混凝土应测定其抗折时的平均弹性模量,一般取抗折强度50%时的加荷割线模量。

本试验适用于测定混凝土抗折（抗弯拉）极限强度的方法，以提供设计参数，检查混凝土施工品质和确定抗折弹性模量试验加荷标准，适用于道路混凝土的直角小梁试件。

1. 仪器准备

（1）试验机：50～300kN 抗折试验机或万能试验机。

（2）抗折试验装置（即三分点处双点加荷和三点自由支承式混凝土抗折强度与抗折弹性模量试验装置）。

2. 试样准备

（1）混凝土抗折强度试件为直角棱柱体小梁，标准试件尺寸为 150mm×150mm×550mm，集料粒径应不大于 40mm，如确有必要，允许采用 100mm×100mm×400mm 的试件，集料粒径应不大于 30mm。

（2）混凝土抗折强度试件应取同龄期者为一组，每组为同条件制作和养护的试件 3 根。

3. 试验步骤

（1）试验前先检查试件，如试件中部 1/3 长度内有蜂窝（大于 $\phi7\text{mm}×2\text{mm}$），该试件应立即作废，否则应在记录中注明。

（2）在试件中部量出其宽度和高度，精确至 1mm。

（3）调整两个可移动支座，使其与试验机下压头中心距离各为 225mm，并旋紧两支座，将试件妥放在支座上，试件成形时的侧面朝上，几何对中后，缓缓加一初荷载，约 1kN，而后以 0.5～0.7MPa/s 的加荷速度，均匀而连续地加荷（低强度等级时用较低速度）。当试件接近破坏而开始迅速变形时，应停止调整试验机油门，直至试件破坏，记下最大荷载。

（4）当断裂面发生在两个加荷点之间时，抗折强度 R_b 按式（4-1-1）计算。

$$R_b = \frac{PL}{bh^2} \tag{4-1-1}$$

式中：R_b——抗折强度，MPa；

$\quad\quad P$——极限荷载，N；

$\quad\quad L$——支座间距离（$L = 450\text{mm}$）；

$\quad\quad b$——试件宽度，mm；

$\quad\quad h$——试件高度，mm。

（5）如断面位于加荷点外侧，则该试件的结果无效；如有两根试件的结果无效，则该组结果作废。

（6）抗折强度测定值的计算及异常数据取舍原则，同抗压强度的试验规定。结果计算精确至 0.01MPa。

注：①断面位置在试件断块短边一侧的底面中轴线上量得。

②采用 100mm×100mm×400mm 非标准试件时，在三分点加荷的试验方法同前，但所取得的抗折强度值应乘以尺寸换算系数 0.85。

三、水泥混凝土抗压强度评定

（1）评定水泥混凝土的抗压强度，应以标准养生 28d 龄期的试件为准。试件为边长 150mm 的立方体。试件 3 个为 1 组，制取组数应符合下列规定：

①不同强度等级及不同配合比的混凝土应在浇筑地点或拌和地点分别随机制取试件。

②浇筑一般体积的结构物（如基础、墩台等）时，每一单元结构物应制取 2 组。

③连续浇筑大体积结构时，每 80 ~ 200m³ 或每一工作班应制取 2 组。

④上部结构，主要构件长 16m 以下应制取 1 组，16 ~ 30m 制取 2 组，31 ~ 50m 制取 3 组，50m 以上者不少于 5 组。小型构件每批或每工作班至少应制取 2 组。

⑤每根钻孔桩至少应制取 2 组；桩长 20m 以上者不少于 3 组；桩径大、浇筑时间很长时，不少于 4 组。如换工作班时，每工作班应制取 2 组。

⑥构筑物(小桥涵、挡土墙)每座、每处或每工作班制取不少于 2 组。当原材料和配合比相同，并由同一拌和站拌制时，可几座或几处合并制取 2 组。

⑦应根据施工需要，另制取几组与结构物同条件养生的试件，作为拆模、吊装、张拉预应力、承受荷载等施工阶段的强度依据。

(2)水泥混凝土抗压强度的合格标准。

①试件≥10 组时，应以数理统计方法按下述条件评定：

$$R_n - K_1 S_n \geqslant 0.9R \tag{4-1-2}$$

$$R_{min} \geqslant K_2 R \tag{4-1-3}$$

$$S_n = \sqrt{\frac{\sum R_i^2 - nR_n^2}{n-1}} \tag{4-1-4}$$

式中：n——同批混凝土试件组数；

R_n——同批 n 组试件强度的平均值，MPa；

S_n——同批 n 组试件强度的标准差，MPa；当 $S_n < 0.06R$ 时，取 $S_n = 0.06R$；

R——混凝土设计强度等级，MPa；

R_i——第 i 组混凝土的抗压强度，MPa；

R_{min}——n 组试件中强度最低一组的值，MPa；

K_1、K_2——合格判定系数，见表 4-1-2。

K_1、K_2 的值   表 4-1-2

n	10 ~ 14	15 ~ 24	≥25
K_1	1.70	1.65	1.60
K_2	0.9	0.85	

②试件少于 10 组时，可用非统计方法按下述条件进行评定：

$$R_n \geqslant 1.15R \tag{4-1-5}$$

$$R_{min} \geqslant 0.95R \tag{4-1-6}$$

(3)实测项目中，水泥混凝土抗压强度评为不合格时相应分项工程为不合格。

四、水泥混凝土弯拉强度评定

(1)混凝土弯拉强度试验方法应使用标准小梁法或钻芯劈裂法，试件使用标准方法制作，标准养生时间 28d，高速公路和一级公路每工作班制作 2 ~ 4 组；日进度大于等于 1 000m 取 4 组，大于等于 500m 取 3 组，小于 500m 取 2 组；其他公路每工作班制作 1 ~ 3 组；日进度大于等于 1 000m 取 3 组，大于等于 500m 取 2 组，小于 500m 取 1 组。每组 3 个试件的平均值作为一个统计数据。

（2）混凝土弯拉强度的合格标准。

①试件组数大于 10 组时，平均弯拉强度合格判断式如式（4-1-7）所示。

$$f_{cs} \geqslant f_r + K\sigma \tag{4-1-7}$$

式中：f_{cs}——混凝土合格判定平均弯拉强度，MPa；

f_r——设计弯拉强度标准值，MPa；

K——合格判定系数（表 4-1-3）；

σ——强度标准差。

K 合格判定系数 表 4-1-3

试件组数 n	11 ~ 14	15 ~ 19	≥20
合格判定系数 K	0.75	0.70	0.65

当试件组数为 11 ~ 19 组时，允许有一组最小弯拉强度小于 $0.85f_r$，但不得小于 $0.80f_r$。当试件组数大于 20 组时，其他公路允许有一组最小弯拉强度小于 $0.85f_r$，但不得小于 $0.75f_r$；高速公路和一级公路均不得小于 $0.85f_r$。

②试件组数等于或少于 10 组时，试件平均强度不得小于 $1.10f_r$，任一组强度均不得小于 $0.85f_r$。

（3）当标准小梁合格判定平均弯拉强度 f_{cs} 和最小弯拉强度 f_{min} 中有一个不符合上述要求时，应在不合格路段每公里每车道钻取 3 个以上 $\phi150mm$ 的芯样，实测劈裂强度，通过各自工程的经验统计公式换算弯拉强度，其合格判定平均弯拉强度 f_{cs} 和最小值 f_{min} 必须合格，否则，应返工重铺。

（4）实测项目中，水泥混凝土弯拉强度评为不合格时相应分项工程评为不合格。

4.1.4 实 训 项 目

（1）混凝土抗压强度试验检测。
（2）水泥混凝土抗折强度试验检测。

4.1.5 小 结

本学习任务主要介绍水泥混凝土路面的强度控制指标，主要是弯拉强度和劈裂强度，由于弯拉强度试验方法比较复杂，不适宜推广，现多用劈裂强度试验来代替。检验时从混凝土面板中用钻孔取样圆柱形试件进行劈裂试验，按已建立的关系式，由劈裂强度推算面板混凝土的抗折强度，检验其是否符合规定的要求。本学习任务重点讲述了沥青路面及水泥混凝土路面面层材料的检测方法。通过学习，必须掌握水泥混凝土路面面层材料的常规试验及检测方法。

复习思考题

1. 水泥混凝土抗压、抗折强度试验结果如何处理？
2. 水泥混凝土钻取试样后，对芯样要进行哪些方面的检测，如何检测？
3. 简述水泥混凝土抗压、抗折强度试验的目的、仪器、试验步骤。
4. 水泥混凝土面层材料的检测项目有哪些？

任务4.2　水泥混凝土路面施工阶段的检测

4.2.1　任务导入

【情境设计】　试验检测是保证工程质量的重要手段。客观、准确、规范、及时的试验检测数据，是指导、控制和评定工程质量的科学依据。

水泥混凝土路面工程在施工阶段的试验检测任务有哪些内容呢？如何进行水泥混凝土路面工程在施工阶段的试验检测呢？让我们来学一学吧。

4.2.2　任务目的

水泥混凝土路面工程在施工阶段主要对原材料进行各种室内检测，避免不合格的材料用于工程，为开工做好前期准备工作，以判断填料的可用性。

4.2.3　任务实施

一、检测项目

水泥混凝土路面施工阶段主要对原材料及各种配合比进行试验检测，避免不合格的材料用于工程，为开工做好前期准备工作。水泥混凝土路面施工阶段需检测的项目见表4-2-1。

水泥混凝土路面施工准备阶段需检测的项目　　　　　　　　　　　　　　　表4-2-1

序号	检测项目	采用规程（标准）
1	平整度检测	《公路工程水泥及水泥混凝土试验规程》（JTG E30—2005）；《公路工程质量检验评定标准（土建工程）》（JTG F80/1—2004）
2	摩擦系数检测	
3	路面构造深度检测	
4	板厚度检测	
5	路面错台测试	

二、检测方法

平整度检测、摩擦系数检测、路面构造深度检测参照任务3.3进行试验检测。

检测项目　路面错台测试

本测试适用于测定路面在人工构造物端部接头、水泥混凝土路面或桥梁的伸缩缝以及沥青混凝土裂缝两侧由于沉降所造成的错台（台阶）高度，以评价路面行车舒适性能（跳车情况），并作为维修工作计算的依据。

【检测方法】　路面错台测试方法

1.仪器准备

（1）皮尺。

（2）水准仪。

（3）3m直尺。

（4）钢板尺或钢卷尺。

（5）粉笔。

2.试样准备

（1）非经注明，错台的测定位置以行车道错台最大处纵断面为准，根据需要也可以其他代表性纵断面为测定位置。

（2）选择需要测定的断面，记录位置及桩号，描述发生错台的原因。

3.测试步骤

（1）构造物端部由于沉降造成的接头错台的测定步骤：

①将精密水准仪架在距构造物端部不远的路面平顺处调平。

②从构造物端部无沉降或鼓包的断面位置起，沿路线纵向用皮尺量取一定距离，作为测点，在该处立起塔尺，测量高程，再向前量取一定距离，作为测点，测量高程。如此重复，直至无明显沉降的断面为止。无特殊需要，从构造物端部起的2m内应每隔0.2m量测一次，2～5m宜每隔0.5m量测一次，5m以上可每隔1m量测一次，由此得出沉降纵断面及最大沉降值，即最大错台高度（D_m），准确至1mm。

（2）测定由水泥混凝土路面、桥梁的伸缩缝或路面横向开裂造成的接缝错台、裂缝错台时，可按上述方法用水准仪测定接缝或裂缝两侧一定范围内的道路纵断面，确定最大错台位置及高度（D_m），准确至1mm。

（3）当发生错台变形的范围不足3m时，可在错台最大位置沿路线纵向用3m直尺架在路面上，其一端位于错台高出的一侧，另一端位于无明显沉降变形处，作为基准线。用钢板尺或钢卷尺每隔0.2m量取路面与基准线之间高度（D），同时测记最大错台高度（D_m），准确至1mm。

（4）资料整理。以测定的错台读数D与各测点的距离绘成纵断面图作为测定结果，图中应标明相应断面的设计纵断面高程、最大错台的位置与高度D_m，准确至0.001m。

4.测试报告

测试报告应记录如下事项：

（1）线名，测定日期，天气情况。

（2）测定地点，桩号，路面及构造物概况。

（3）道路交通情况及造成错台的原因初步分析。

（4）最大错台高度D_m及错台纵断面图。

三、水泥混凝土路面养护质量标准

水泥混凝土路面的特点是在养护良好的条件下，使用年限比其他路面长，但一旦开始破坏，破损就会继续发展。因此，必须做好预防性、经常性养护，通过经常的巡视观察，及早发现缺陷，查清原因，不失时机地采取适当的措施，有计划地进行修理和改善，以保持路面状况的完好。水泥混凝土路面养护的质量应符合表4-2-2所示质量标准。

序号	评价指数		高速公路、一级公路	其他等级公路
1	平整度	平整度仪(σ,mm)	2.5	3.5
		3m 直尺(h,mm)	5	8
		IRI(m/km)	4.2	5.8
2	抗滑性能	构造深度 TD(mm)	0.4	0.3
		抗滑值 SRV(BPN)	45	35
		横向力系数	0.38	0.30
3	相邻板高差(mm)		3	5
4	接缝填缝料(mm)		3	5
5	路面状况指数 PCI(分)		≥70	>55

四、水泥混凝土路面使用质量评价方法

1. 水泥混凝土路面评价指标

高等级公路的水泥混凝土路面的养护应根据公路等级、交通量及分项路况评价结果来确定养护对策。其中,分项路况评价指标包括路面结构承载力、行驶质量、破损状况和抗滑能力四个方面;养护对策包括大修补强、中修罩面及小修保养。

2. 路面状况

路面破损状况采用路面状况指数(PCI)和断板率(DBL)两项指标进行评价,路面状况指数根据路面调查所得到的病害类型、轻重程度和出现的范围或密度三项属性计算得出。

(1)路面状况指数(PCI),按下式计算:

$$\text{PCI} = 100 - \sum_{i=1}^{n}\sum_{j=1}^{m} DP_{ij}W_{ij} \qquad (4\text{-}2\text{-}1)$$

$$DP_{ij} = A_{ij}D_{ij}B_{ij} \qquad (4\text{-}2\text{-}2)$$

$$W_{ij} = \begin{cases} 0.25R_{ij} & R_{ij} < 0.2 \\ 0.50 + 0.686(R_{ij} - 0.20) & 0.20 \le R_{ij} < 0.55 \\ 0.74 + 0.280(R_{ij} - 0.55) & 0.55 \le R_{ij} < 0.80 \\ 0.81 + 0.950(R_{ij} - 0.80) & R_{ij} \ge 0.80 \end{cases} \qquad (4\text{-}2\text{-}3)$$

$$R_{ij} = \frac{DP_{ij}}{\sum_{i=1}^{n}\sum_{j=1}^{m} DP_{ij}} \qquad (4\text{-}2\text{-}4)$$

式中:i、j——病害的种类和轻重程度;

n——病害种类总数;

m——i 种病害的轻重程度等级数;

DP_{ij}——第 i 类病害、j 类严重程度的单项扣分值,它是破损密度 D_{ij} 的函数;

D_{ij}——第 i 类损坏、j 类严重程度的板块数占调查路段板块总数的比例;

A_{ij}、B_{ij}——系数,其取值可参考表 4-2-3;

W_{ij}——第 i 类病害、j 类严重程度的单项扣分值的修正权系数。

系数	A_{ij}			B_{ij}		
病害类型	轻	中	重	轻	中	重
纵横斜向裂缝	30	65	93	0.55	0.52	0.54
角隅断裂	49	73	95	0.76	0.64	0.61
交叉裂缝、断裂板	70	88	103	0.60	0.50	0.42
沉陷、胀起	49	65	92	0.76	0.64	0.52
唧泥	25	—	65	0.90	—	0.80
错台	30	60	92	0.70	0.61	0.53
接缝碎裂	23	30	51	0.81	0.61	0.71
拱起	49	65	92	0.76	0.64	0.52
纵缝张开	30	—	70	0.90	—	0.70
填缝料损坏	10	35	60	0.95	0.90	0.80
纹裂或网裂和起皮	22	60	90	0.70	0.60	0.50
磨损和露骨	20	—	60	0.70	—	0.50
坑洞	—	30	—	—	0.60	—
活性集料反应	25	47	70	0.90	0.80	0.54
修补损坏	10	60	90	0.95	0.60	0.54

（2）水泥混凝土路面断板率（DBL）。水泥混凝土路面断板率依据路段破损状况调查得到的断裂病害的板块数,按断裂种类和严重程度的不同,采用不同的权系数进行修正后,按下式计算,以百分数表示。

$$DBL = (\sum_{i=1}^{n} \sum_{j=1}^{m} DB_{ij} W'_{ij})/BS \qquad (4-2-5)$$

式中: DB_{ij} ——第 i 类病害、j 类严重程度的单项扣分值,它是破损密度 D_{ij} 的函数;

　　　 BS ——评定路段内的板块总数;

　　　 W'_{ij} ——第 i 类病害、j 类严重程度的单项扣分值的修正权系数,其取值可参考表4-2-4;

裂缝类型	交叉裂缝			角隅断裂			纵横斜裂缝		
轻重程度	轻	中	重	轻	中	重	轻	中	重
权系数 W'_{ij}	0.60	1.00	1.50	0.20	0.70	1.00	0.20	0.60	1.00

（3）路面破损状况的评价标准。根据路面破损状况,可将路面质量分为优、良、中、次、差五个等级。见表4-2-5。

评价等级	优	良	中	次	差
路面状况指数PCI	≥85	85~70	70~55	55~40	<40
断板率DBL(%)	≤1	5~2	10~6	20~11	>20

3. 路面结构承载能力

水泥混凝土路面结构承载能力按《公路水泥混凝土路面设计规范》(JTG D40—2002)中的规定执行。

4. 路面行驶质量

水泥混凝土路面的路面行驶质量采用行驶质量指数（RQI）进行评定（表4-2-6），由国际平整度指数（IRI）计算，以十分制表示。国际平整度指数（IRI）的计算与沥青路面的相同。

$$RQI = 10.5 - 0.75IRI \tag{4-2-6}$$

路面行驶质量评价标准

表4-2-6

等级	优	良	中	次	差
行驶质量指数 RQI	≥8.5	8.4～7.0	6.9～4.5	4.4～2.0	<2.0

5. 路面抗滑性能

路面抗滑能力采用横向力系数（SFC）或抗滑值（SRV）以及构造深度三项指标评定，见表4-2-7。

路面抗滑能力评价标准

表4-2-7

标准	优	良	中	次	差
构造深度（mm）	≥0.8	0.7～0.6	0.5～0.4	0.3～0.2	<0.2
抗滑值（SRV）	≥65	64～55	54～45	44～35	<35
横向力系数（SFC）	≥0.55	0.54～0.45	0.44～0.38	0.37～0.30	<0.30

6. 养护对策

高速公路及一级公路的路面破损状况等级为优、良，或者二级及二级以下公路的路面状况指数评价为优、良、中时，可采用日常养护为主、局部或个别板块修补为辅的措施。

若高速公路及一级公路的路面状况等级为中及中以下，或者二级及二级以下公路的路面状况指数评价为次及次以下，应采取全段修复或改善措施。

高速公路及一级公路的行驶质量等级为中及中以下，或者二级及二级以下公路的行驶质量为次及次以下，应采取刻槽、罩面或加铺层等措施改善路面平整度。

高速公路及一级公路的抗滑能力等级为中及中以下，或者二级及二级以下公路的抗滑能力为次及次以下时，应采取刻槽、罩面等措施提高路表面的抗滑能力。

路面结构承载力不满足现有交通的要求时，应采取铺筑沥青混凝土或水泥混凝土加铺层等措施提高其承载能力。

4.2.4 实 训 项 目

路面错台测试。

4.2.5 小 结

为了保证公路与城市道路最大限度地满足车辆运行的要求，提高车速、增强安全性和舒适性，降低运输成本和延长道路使用年限，要求路面具有一系列基本性能。如路面表面要求平整，但不宜光滑。因此，路面技术性能的现场检测是道路工程施工质量管理最重要的内容之一。

沥青路面铺筑的其中一个基本点是沥青层能够基本上封闭雨水的下渗,路面必须具有良好的防渗水性,如果路面渗水严重,则沥青混合料和路面的耐久性将大幅降低。因此,沥青路面渗水性能成为反映沥青混合料级配组成的一个间接指标。此外,本学习任务结合沥青路面和水泥混凝土路面对我国路面性状评价指标体系分别进行了阐述。

路面工程和路基工程一样,都是作为道路工程的单位工程。路面工程质量的评定与检测是道路竣工验收工作的一部分。

现代化道路路面的修筑,一般是机械化施工,部分路面材料已实行工厂化生产,路面施工质量的管理及其检验评定工作趋向于更为严格、完善和规范化。

路面工程的质量检验评定内容包括各类基层、底基层,各类沥青混合料面层,水泥混凝土面层、路缘石铺设和路肩,其中每一部分的检测与评定都按基本要求、实测项目、外观鉴定这三项进行。

复习思考题

1. 水泥混凝土路面检测列入前三项的重要质量指标有哪些?
2. 简述路面错台测试的目的及步骤。

任务4.3 水泥混凝土路面竣工阶段的检测

4.3.1 任务导入

【情境设计】 试验检测是保证工程质量的重要手段。客观、准确、规范、及时的试验检测数据,是指导、控制和评定工程质量的科学依据。

水泥混凝土路面工程在竣工阶段的试验检测任务有哪些内容呢? 如何进行水泥混凝土路面工程在竣工阶段的试验检测呢? 让我们来学一学吧。

4.3.2 任务目的

水泥混凝土路面工程在竣工阶段的试验检测评定,可避免施工过程中质量不合格的产品流入下一道工序,只有保证施工过程中每一道工序的质量才能保证整个工程的质量。

通过水泥混凝土路面工程在竣工阶段的试验检测,使学生能够对水泥混凝土路面工程竣工验收阶段涉及的现场检测项目进行检测评定,并科学地评定路面基层的质量。

4.3.3 任务实施

一、检测项目

水泥混凝土路面工程竣工阶段主要进行试验检测,避免不合格的水泥混凝土路面工程产生。水泥混凝土路面工程竣工阶段需检测的项目除了按试验检测频率对准备阶段的项目进行检测外,还需对表4-3-1中的项目进行检测。

序号	检测项目	采用规程(标准)
1	平整度	《公路工程水泥及水泥混凝土试验规程》(JTG E30—2005);《公路工程质量检验评定标准(土建工程)》(JTG F80/1—2004)
2	抗滑构造深度	
3	水泥混凝土面层的质量检验评定	

二、检测方法

平整度检测、路面构造深度检测参照任务 3.3 进行试验检测。

三、水泥混凝土路面的质量评定

1. 基本要求

(1)基层质量必须符合规定要求,并应进行弯沉测定,验算的基层整体模量应满足设计要求。

(2)水泥强度等级、物理性能和化学成分应符合国家标准及有关规范的规定。

(3)粗细集料、水、外掺剂及接缝填缝料应符合设计和施工规范要求。

(4)施工配合比应根据现场测定水泥的实际强度进行计算,并经试验,选择采用最佳配合比。

(5)接缝的位置、规格、尺寸及传力杆、拉力杆的设置应符合设计要求。

(6)路面拉毛或机具压槽等抗滑措施,其构造深度应符合施工规范要求。

(7)面层与其他构造物相接应平顺,检查井井盖顶面高程应高于周边路面 1~3mm。雨水口高程按设计比路面低 5~8mm,路面边缘无积水现象。

(8)混凝土路面铺筑后按施工规范要求养生。

2. 外观鉴定

(1)混凝土板的断裂块数,高速公路和一级公路不得超过评定路段混凝土板总块数的 0.2%,其他公路不得超过 0.4%。不符合要求时每超过 0.1% 减 2 分。对于断裂板应采取适当措施予以处理。

(2)混凝土板表面的脱皮、印痕、裂纹和缺边掉角等病害现象,对于高速公路和一级公路,有上述缺陷的面积不得超过受检面积的 0.2%,其他公路不得超过 0.3%。不符合要求时每超过 0.1% 减 2 分。

对于连续配筋的混凝土路面和钢筋混凝土路面,因干缩、温缩产生的裂缝,可不减分。

(3)路面侧石直顺、曲线圆滑,越位 20mm 以上者,每处减 1~2 分。

(4)接缝填筑饱满密实,不污染路面。不符合要求时,累计长度每 100m 减 2 分。

(5)胀缝有明显缺陷时,每条减 1~2 分。

3. 水泥混凝土路面养护质量标准

水泥混凝土路面的特点是在养护良好的条件下,使用年限比其他路面长。但一旦开始破坏,破损就会继续发展。因此,必须做好预防性、经常性养护,通过经常的巡视观察,及早发现缺陷,查清原因,不失时机地采取适当的措施,有计划地进行修理和改善,以保持路面状况的完好。水泥混凝土路面养护的质量应符合以下质量标准(表 4-3-2)。

水泥混凝土路面的养护质量标准 表4-3-2

序号	评 价 指 数		高速公路、一级公路	其他等级公路
1	平整度	平整度仪(σ,mm)	2.5	3.5
		3m 直尺(h,mm)	5	8
		IRI(m/km)	4.2	5.8
2	抗滑性能	构造深度 TD(mm)	0.4	0.3
		抗滑值 SRV(BPN)	45	35
		横向力系数	0.38	0.30
3	相邻板高差(mm)		3	5
4	接缝填缝料(mm)		3	5
5	路面状况指数 PCI(分)		≥70	>55

4. 水泥混凝土路面使用质量评价方法

1）水泥混凝土路面评价指标

高等级公路的水泥混凝土路面的养护应根据公路等级、交通量及分项路况评价结果来确定养护对策。其中,分项路况评价指标包括路面结构承载力、行驶质量、破损状况和抗滑能力四个方面;养护对策包括大修补强、中修罩面及小修保养。

2）路面状况

路面破损状况采用路面状况指数(PCI)和断板率(DBL)两项指标进行评价,路面状况指数根据路面调查所得到的病害类型、轻重程度和出现的范围或密度三项属性计算得出。

（1）路面状况指数(PCI),计算公式如下:

$$PCI = 100 - \sum_{i=1}^{n}\sum_{j=1}^{m} DP_{ij}W_{ij} \qquad (4-3-1)$$

$$DP_{ij} = A_{ij}D_{ij}B_{ij} \qquad (4-3-2)$$

$$W_{ij} = \begin{cases} 0.25R_{ij} & R_{ij} < 0.2 \\ 0.50 + 0.686(R_{ij} - 0.20) & 0.20 \leqslant R_{ij} < 0.55 \\ 0.74 + 0.280(R_{ij} - 0.55) & 0.55 \leqslant R_{ij} < 0.80 \\ 0.81 + 0.950(R_{ij} - 0.80) & R_{ij} \geqslant 0.80 \end{cases} \qquad (4-3-3)$$

$$R_{ij} = \frac{DP_{ij}}{\sum\limits_{i=1}^{n}\sum\limits_{j=1}^{m} DP_{ij}} \qquad (4-3-4)$$

式中:i 和 j——病害的种类和轻重程度;

　　　n——病害种类总数;

　　　m——i 种病害的轻重程度等级数;

　　DP_{ij}——第 i 类病害、j 类严重程度的单项扣分值,它是破损密度 D_{ij} 的函数;

D_{ij}——第 i 类损坏、j 类严重程度的板块数占调查路段板块总数的比例;

A_{ij}、B_{ij}——系数,其取值可参考表4-3-3;

W_{ij}——第 i 类病害、j 类严重程度的单项扣分值的修正权系数。

计算单项扣分值的系数 A_{ij} 和 B_{ij}

表4-3-3

系　　　数	A_{ij}			B_{ij}		
病害类型	轻	中	重	轻	中	重
纵横斜向裂缝	30	65	93	0.55	0.52	0.54
角隅断裂	49	73	95	0.76	0.64	0.61
交叉裂缝、断裂板	70	88	103	0.60	0.50	0.42
沉陷、胀起	49	65	92	0.76	0.64	0.52
唧泥	25	—	65	0.90	—	0.80
错台	30	60	92	0.70	0.61	0.53
接缝碎裂	23	30	51	0.81	0.61	0.71
拱起	49	65	92	0.76	0.64	0.52
纵缝张开	30	—	70	0.90	—	0.70
填缝料损坏	10	35	60	0.95	0.90	0.80
纹裂或网裂和起皮	22	60	90	0.70	0.60	0.50
磨损和露骨	20	—	60	0.70	—	0.50
坑洞	—	30	—	—	0.60	—
活性集料反应	25	47	70	0.90	0.80	0.70
修补损坏	10	60	90	0.95	0.60	0.54

(2)水泥混凝土路面断板率(DBL)。水泥混凝土路面断板率依据路段破损状况调查得到的断裂病害的板块数,按断裂种类和严重程度的不同,采用不同的权系数进行修正,按式(4-3-5)计算,以百分数表示。

$$DBL = (\sum_{i=1}^{n}\sum_{j=1}^{m} DB_{ij} W'_{ij})/BS \qquad (4-3-5)$$

式中:DB_{ij}——第 i 类病害、j 类严重程度的单项扣分值,它是破损密度 D_{ij} 的函数;

BS——评定路段内的板块总数;

W'_{ij}——第 i 类病害、j 类严重程度的单项扣分值的修正权系数,其取值可参考表4-3-4。

计算断板率的权系数 W'_{ij}

表4-3-4

裂缝类型	交叉裂缝			角隅断裂			纵横斜裂缝		
轻重程度	轻	中	重	轻	中	重	轻	中	重
权系数 W'_{ij}	0.60	1.00	1.50	0.20	0.70	1.00	0.20	0.60	1.00

(3)路面破损状况的评价标准。根据路面破损状况,可将路面质量分为优、良、中、次、差

五个等级。见表4-3-5。

3）路面结构承载能力

水泥混凝土路面结构承载能力按《公路水泥混凝土路面设计规范》（JTG D40—2002）中的规定执行。

路面破损状况等级评定标准   表4-3-5

评价等级	优	良	中	次	差
路面状况指数 PCI	≥85	85~70	70~55	55~40	<40
断板率 DBL(%)	≤1	5~2	10~6	20~11	>20

4. 路面行驶质量

水泥混凝土路面的路面行驶质量采用行驶质量指数（RQI）进行评定（表4-3-6），由国际平整度指数（IRI）计算，以十分制表示，国际平整度指数（IRI）的计算与沥青路面的相同。

$$RQI = 10.5 - 0.75IRI \qquad (4\text{-}3\text{-}6)$$

路面行驶质量评价标准   表4-3-6

等级	优	良	中	次	差
行驶质量指数 RQI	≥8.5	8.4~7.0	6.9~4.5	4.4~2.0	<2.0

5. 路面抗滑性能

路面抗滑能力采用横向力系数（SFC）或抗滑值（SRV）以及构造深度三项指标评定，见表4-3-7。

路面抗滑能力评价标准   表4-3-7

标准	优	良	中	次	差
构造深度（mm）	≥0.8	0.7~0.6	0.5~0.4	0.3~0.2	<0.2
抗滑值（SRV）	≥65	64~55	54~45	44~35	<35
横向力系数（SFC）	≥0.55	0.54~0.45	0.44~0.38	0.37~0.30	<0.30

6. 养护对策

高速公路及一级公路的路面破损状况等级为优、良，或者二级及二级以下公路的路面状况指数评价为优、良、中时，可采用日常养护为主、局部或个别板块修补为辅的措施。

若高速公路及一级公路的路面状况等级为中及中以下，或者二级及二级以下公路的路面状况指数评价为次及次以下，应采取全段修复或改善措施。

高速公路及一级公路的行驶质量等级为中及中以下，或者二级及二级以下公路的行驶质量为次及次以下，应采取刻槽、罩面或加铺层等措施改善路面平整度。

高速公路及一级公路的抗滑能力等级为中及中以下，或者二级及二级以下公路的抗滑能力为次及次以下时，应采取刻槽、罩面等措施提高路表面的抗滑能力。

路面结构承载力不满足现有交通的要求时，应采取铺筑沥青混凝土或水泥混凝土加铺层等措施提高其承载能力。

7. 质量检验评定表

水泥混凝土路面的质量检验评定表如表4-3-8所示。

表 4-3-8

水泥混凝土面层质量检验评定表

项目名称：　　　　　　　　　　　　　　　　工程合同段：　　　　　　　　　　　　工程名称：　　　　　　　　　　　工程部位：

施工单位：　　　　　　　　　　　　　　　　　　　　　　　　　　　　　　　　　监理单位：　　　　　　　　　　　使用者类别：

　　　　　(子)分项工程名称：

基本要求：

1. 基层质量必须符合规定要求，并应进行弯沉测定。验算的基层整体模量应满足设计要求。
2. 水泥强度，物理性能和化学成分应符合国家标准及有关施工规范的规定。
3. 粗细集料，水、外掺剂及接缝填缝料应符合设计和施工规范要求。
4. 施工配合比应根据现场测定水泥的实际强度进行计算，并经试验选择采用最佳配合比。
5. 接缝的位置、规格、尺寸及传力杆、拉力杆的设置应符合设计要求。
6. 路面拉毛或其他机具压槽等抗滑措施，其构造深度应符合施工规范要求。
7. 面层与其他构造物相接应平顺，检查井盖顶面高程应高于周边路面1~3mm。雨水口高程按设计比路面低5~8mm，路面边缘无积水现象。
8. 混凝土路面铺筑后按施工规范要求养生

项次	检查项目		规定值或允许偏差 (高速公路)	检查方法和频率	权值	检查实测值	平均值 代表值	合格率 (%)	得分
1	弯拉强度(MPa)		在合格标准之内	按附录 C 检查	3				
2	板厚度 (mm)	代表值	-5	按附录 H 检查；每200m 每车 道2处	3				
		合格值	-10						
3	平整度	σ(mm)	1.2	平整度仪：全线每车道连续按 每100m计算 IRI 或 σ	2				
		IRI(m/km)	2.0						
		最大间隙(mm)	—	3m 直尺：半幅车道连续带每 200m测2处×10尺					
4	抗滑构造深度(mm)		一般路段不小于0.7 且不大于1.1；特殊路 段不小于0.8且不大 于1.2	铺砂法：每200m测1处	2				
5	相邻板高差(mm)		2	抽量：每条胀缝2点；每200m 抽纵、横缝各2条，每条2点	2				

· 125 ·

项次	检查项目	规定值或允许偏差（高速公路）	检查方法和频率	权值	检查实测值	平均值代表值	合格率（%）	得分
6	纵、横缝顺直度（mm）	10	纵缝20m拉线，每200m测4处；横缝沿板宽拉线，每条200m测4点	1				
7	中线平面偏位（mm）	20	经纬仪：每200m测4点	1				
8	路面宽度（mm）	±20	水准仪：每200m测4断面	1				
9	纵断高程（mm）	±10	尺量：每200m测4断面	1				
10	横坡（%）	±0.15	水准仪：每200m测4断面	1				
11	（子）分项工程得分							
12	外观鉴定	混凝土板的断裂块数，高速公路和一级公路不得超过评定路段混凝土板总块数的0.2%，其他公路不得超过0.4%。不符合要求时每超过0.1%减2分。对于断裂板应当采取适当情施予以处理	检查结果					
		混凝土板表面的脱皮、印痕、裂纹和缺边掉角等病害现象，对于高速公路和一级公路，有上述缺陷的面积不得超过检查受检面积的0.2%，其他公路不得超过0.3%。对于连续配筋的混凝土路面和钢筋混凝土路面，因干缩、温缩产生的裂缝，可不减分						
		不符合要求时每超过0.1%减2分。对于连续配筋的混凝土路						
		路面侧石直顺，曲线圆滑，越位20mm以上者，每处减1～2分						
		接缝填筑饱满密实，不污染路面。不符合要求时，每条减1～2分						
		胀缝有明显缺陷时，累计长度每100m减2分						
13	质量保证资料	施工资料和图表必须齐全，不缺无最基本数据，不得伪造涂改。不符合要求时，资料不全者，视情况每款减1～3分						
14	（子）分项工程评定值							
15	质量等级							

监理工程师：　　　　　　　日期：　　　　　　　检测人：　　　　　　　日期：　　　　　　　承包人：　　　　　　　日期：

注：表中"附录C、附录H"均指《公路工程质量检验评定标准（土建工程）》（JTG F80/1—2004）中的附录。

4.3.4 实 训 项 目

水泥混凝土路面的质量检验评定。

4.3.5 小 结

为了保证公路与城市道路最大限度地满足车辆运行的要求,提高车速、增强安全性和舒适性,降低运输成本和延长道路使用年限,要求路面具有一系列基本性能。如路面表面要求平整,但不宜光滑。因此,水泥混凝土路面技术性能的现场检测是道路工程施工质量管理最重要的内容之一。

复习思考题

1. 简述构造深度的测试方法。
2. 颠簸累积仪、激光平整度仪及连续式平整度仪检测结果分别是什么？它们能否相互换算？

参 考 文 献

[1] 中华人民共和国行业标准 JTG E60—2008 公路路基路面现场测试规程[S]. 北京:人民交通出版社,2008.
[2] 中华人民共和国行业标准 JTG E40—2007 公路土工试验规程[S]. 北京:人民交通出版社,2007.
[3] 中华人民共和国行业标准 JTG B01—2003 公路工程技术标准[S]. 北京:人民交通出版社,2003.
[4] 中华人民共和国行业标准 JTG F80/1—2004 公路工程质量检验评定标准(土建工程)[S]. 北京:人民交通出版社,2004.
[5] 中华人民共和国行业标准 JTG E42—2005 公路工程集料试验规程[S]. 北京:人民交通出版社,2005.
[6] 中华人民共和国行业标准 JTJ 052—2000 公路工程沥青及沥青混合料试验规程[S]. 北京:人民交通出版社,2000.
[7] 中华人民共和国行业标准 JTG E30—2005 公路工程水泥混凝土试验规程[S]. 北京:人民交通出版社,2005.
[8] 中华人民共和国行业标准 JTJ 057—94 公路工程无机结合料稳定材料试验规程[S]. 北京:人民交通出版社,1994.
[9] 中华人民共和国行业标准 JTG F40—2004 公路沥青路面施工技术规范[S]. 北京:人民交通出版社,2004.
[10] 黄晓明. 公路工程检测手册[M]. 北京:人民交通出版社,2004.
[11] 张超,郑南翔,等. 公路工程试验检测技术培训教材 路基路面试验检测技术[M]. 北京:人民交通出版社,2004.
[12] 邓学钧,等. 刚性路面设计[M]. 北京:人民交通出版社,1992.
[13] 洪航康. 土质学与土力学(第二版)[M]. 北京:人民交通出版社,1990.
[14] 邓学钧,等. 路面设计原理与方法[M]. 北京:人民交通出版社,2001.
[15] 徐培华,陈忠达. 路基路面试验检测技术[M]. 北京:人民交通出版社,2000.
[16] 饶鸿雁. 数理统计在道路工程中的应用[M]. 北京:人民交通出版社,1983.
[17] 茅梅芬. 路基路面工程质量检测[M]. 南京:东南大学出版社,1998.
[18] 李宇峙,邵腊康. 路基路面工程检测技术[M]. 北京:人民交通出版社,2003.
[19] 郭秀芹,李鹏. 公路路基路面现场测试[M]. 北京:人民交通出版社,2005.
[20] 杨文渊,钱绍武. 公路工程质检工程师手册 路基、路面工程分册[M]. 北京:人民交通出版社,2005.